AUF NACH NEULAND

MONIKA RECH-HEIDER

AUF NACH NEULAND

Mit Schulkindern und Bulli
ein Jahr lang durch Europa

FSC
www.fsc.org
MIX
Papier aus ver-
antwortungsvollen
Quellen
FSC® C014138

1. Auflage
© 2020 Benevento Verlag bei Benevento Publishing München – Salzburg,
eine Marke der Red Bull Media House GmbH, Wals bei Salzburg

Medieninhaber, Verleger und Herausgeber:
Red Bull Media House GmbH
Oberst-Lepperdinger-Straße 11–15
5071 Wals bei Salzburg, Österreich

Satz: MEDIA DESIGN: RIZNER.AT
Gesetzt aus der Palatino, Bean Pole, Function
Umschlaggestaltung: ZeroMedia GmbH, München
Umschlagmotive: Monika Rech-Heider (Fotos), FinePic®, München
Printed Printed by Finidr, Czech Republic
ISBN 978-3-7109-0086-0

Für Paul, Fannie, Liv und Andi.
Jeder Tag mit euch ist ein Geschenk. Für alle, die ihr uns
unterwegs in euer Leben gelassen habt: Wir danken euch.
Ihr wart das weit geöffnete Eingangstor auf unserer Suche
nach einem freien, offenen, selbstbestimmteren Leben.
Für unsere Familien, für Oma Resi, Oma Maru, Opa
und Tito, die ihr uns in eurer Liebe habt ziehen lassen.

INHALT

»IHR SEID ABER MUTIG!«

Das Vorwort, in dem es direkt ums Ganze geht

»Ihr seid aber mutig!« Ich weiß so manches Mal gar nicht, was gemeint ist, wenn dieser Satz fällt: Mutig, auf Reisen gegangen zu sein? Oder mutig, so lange stehen geblieben zu sein, so lange ausgehalten zu haben. Sagen wir einmal so: Wenn ich heute vor dem Spiegel stehe, schaut mir eine andere entgegen als vor der Reise. Eine, die aufrechter steht. Die vor dem Spiegel tanzt. Die über sich selber lacht. Eine, die weiß, dass sie das Leben führt, das sie führen will. Wie das aussieht, das Bild im Spiegel? Einfach schön, leicht, als hätte das Herz eine Drehung genommen. Hat es auch!

Vor unserer Reise reichte meine Kraft oft nur vom Aufstehen bis zum Frühstücksbrot. Danach gab ich mich geschlagen. Erschlagen und zu Brei zerquetscht von dem vielen Müssen und dem wenigen Dürfen. Von dem großen Ungleichgewicht zwischen der Idealvorstellung, wie wir unser Leben führen wollten, und der Art, wie wir es tatsächlich lebten. Wo war die Freiheit hin, die mich während meiner Studienzeit durch die Welt getrieben hatte? Wo die Freude, mit der wir in unser Familienleben gestartet waren? Was war aus der Leichtigkeit ge-

13

worden, die einmal in mir war? Wo war der Sinn hin, der uns so klar vor Augen stand, als Paul, Fannie und Liv auf die Welt kamen? Wir hatten doch alles, um glücklich und zufrieden zu sein. Wie also konnte es sein, dass wir uns so leer fühlten, kraftlos, machtlos, wie einbalsamiert und zu einem runzeligen Abbild unserer selbst mumifiziert? Wir hatten eben alles. Alles außer Zeit. Und die haben wir uns genommen!

In diesem irren Dauersprint durch den Alltag waren wir einfach nicht in der Lage, unsere wahren Schätze zu sehen, obwohl wir sie in Händen hielten. Da waren unsere Kinder, die wir liebten, da waren die Sicherheit und Freiheit, in deren Schutz wir uns entwickeln durften, da war die Unabhängigkeit, umzusetzen, was in uns steckt. Doch es fehlte an Zeit und auch an Abstand, um unsere Lebensumstände positiv zu bewerten. Und um die Dinge anzupacken und zu ändern, mit denen wir uns in diese Schieflage gebracht hatten. Um wieder ins Gleichgewicht zu kommen, mussten wir erst einmal raus aus unserem Leben, uns mit vollem Karacho aus der Bahn katapultieren. Wie soll man Optimist werden, wenn man nur noch mit gesenktem Kopf durchs Leben geht.

In einem Jahr Reise durch Europa, mit Kindern und Hund, in dem so gut wie nichts geklappt hat, wie wir es geplant hatten, in dem wir viel öfter strauchelten statt fröhlich trudelten, kamen wir nicht umhin, uns selbst unter die Lupe nehmen. Und wir haben Etappe für Etappe gelernt.

Es ist seltsam, aber das Leben fühlt sich wirklich anders an, wenn man sich die Freiheit nimmt, eine Extraportion Zeit zu kosten. Leichter. Erhabener. Tiefer und verbundener. Wir haben ein Jahr gebadet in diesem unserem Leben. Und selbst die Nachwehen davon fühlen sich so an, als hätten wir einen Schluck aus einem Beutel voller Zaubertrank genommen, der einen nicht mit unendlicher Kraft oder überirdischen Fähigkeiten ausstattet, wohl aber mit einer veränderten Werteskala. »Papa, du hast auf der Reise das Lächeln gelernt«, sagte Liv, als wir uns auf dem Rückweg befanden. Ist das nicht ein großes Geschenk?

Wir haben so viel gelernt. Leben passiert nicht. Leben wird nicht von jemand anderem für einen gemacht. Man muss es gefälligst selber in die Hand nehmen. Wir haben die Freiheit, unser Leben zu gestalten. Wir haben die Freiheit, uns auf den Weg zu machen und nach unserem Glück zu suchen. Wir haben die Freiheit, Entscheidungen zu treffen und aus scheinbar unzähligen Wegen auszuwählen. Und aus dieser Freiheit – so haben wir es zumindest empfunden – erwächst eine Art Glück. Denn stimmen Sehnsüchte und Ziele mit dem täglichen Erleben auch nur annähernd überein, entsteht eine Art zufriedene Balance in einem, die einen auch nach dem Frühstück durch den Rest des Tages trägt. Die dafür sorgt, dass wir uns auf den vor uns liegenden Tag freuen und uns voller Dankbarkeit ins Leben schmeißen. Glücklichsein erfordert weit geöffnete Augen und ein noch weiteres Herz. Es ist eine Denk- und Fühlweise, die gehegt und gepflegt werden will. Man muss sich um sie kümmern, sie frei schubbern aus all dem Unrat, der sich alltäglich über uns aufstapelt. Glücklichsein ist Arbeit, Tag für Tag, es fällt den meisten nicht einfach in den Schoß.

Glück ist eine Gratwanderung. Wir können auswählen aus einer unendlichen Anzahl von Möglichkeiten, die sich vor uns auftun, und der Bereitschaft, dieses

Glück auch anzunehmen und Hallo zu ihm zu sagen, wenn es uns über den Weg läuft. Glücklichsein ist ein Balanceakt, Träume zuzulassen und sie zum Leben zu erwecken und damit zufrieden zu sein, wie man lebt (das haben wir von Oma Resi gelernt). Manch einer scheitert am Zuviel an Möglichkeiten (und nicht am Zuwenig) und der Angst davor, mit einer Entscheidung überhaupt eine Richtung einzuschlagen.

Am Anfang all dieser Überlegungen, allem übergeordnet, steht jedoch unangefochten die Freiheit. Die Freiheit als Chance und Verpflichtung, zu entscheiden und dem Leben eine Richtung zu geben.

Vor unserer Reise habe ich oft vom Glücklichsein gelesen. Davon geträumt. Darüber nachgedacht. Heute begleitet es uns auf eine bescheidene, unaufdringliche Weise. Wir wissen um unser Glück. Wir nehmen das Thema Entscheidungen ernst. Unsere Selbstbestimmtheit, unsere Autonomie fordert uns, aber sie hilft uns dabei zu wachsen.

Was hat dieses Jahr Reisen mit der Familie und den Kindern nicht alles bewegt! Es hat uns aus unserem Alltag hinausgeschleudert, es hat alles infrage gestellt, unsere Perspektiven verändert – auf das Lernen, das Leben, auf Europa, auf das, was ist, und auf das, was kommt.

Wir sind nicht angekommen. Keineswegs. Nein, wir haben nur einen ersten Schritt getan. Sind einmal herausgetreten und haben uns augenzwinkernd bis kopfschüttelnd selber dabei zugesehen, wie wir gelebt haben. Wir haben uns unsere Freiheit erkämpft. Und das setzt so vieles in Bewegung! Aus ruhelosen Großstädtern sind großstädtische Ruhebewahrer geworden, aus offensiven Pessimisten verhaltene Optimisten, aus einem lockeren Familienverbund sind Vater, Mutter und Kinder geworden, die zusammenhalten wie die Kellys in ihren besten Zeiten. Fulltime gestresste Job-und-Erziehung-unter-einen-Hut-Bringer haben sich in halbwegs relaxte Freischaffende und wohlwollend begleitende Eltern verwandelt. Vom Ruhepuls 180 sind wir runter auf gemütliche achtzig Schläge pro Minute. Nicht immer, aber meistens. Die Reise hat uns gezeigt: Es liegt an uns. Ein anderes Leben ist möglich!

»Ihr seid aber mutig!« Welche Alternative hätten wir denn gehabt? Weitermachen wie bisher? Das Leben hätte uns diese Entscheidung übel genommen.

UNSER LEBEN AM LIMIT

**Erstes Kapitel, in dem wir durchs Leben hetzen
und im Kreis laufen wie Sprinter auf der Tartanbahn**

Wann genau hat unsere Reise eigentlich begonnen?
Startete sie mit den ersten gefahrenen Kilometern in un-
serem wieder auf Vordermann gebrachten VW T3 am 4.
Oktober 2017? Oder mit dem völlig danebengegangenen
Auszug aus unserem Haus am 31. Juli desselben Jahres?
Oder ging nicht alles doch viel viel früher los?

Köln, im November 2015

Es war ein nasskalter Tag. Es regnete diesen fiesen Fisselregen, wie er in unserer Stadt so oft fällt. Plus vier
Grad und durch und durch nass. Farben gab es längst
keine mehr, die Häuser, der Himmel, die Menschen – sie
alle trugen grau. Es war ein ganz normaler Montag oder
Dienstag, vielleicht auch ein anderer Wochentag. Sie
ähnelten sich so sehr, dass es keine Rolle spielte. Der
Asphalt der Straße war durchlöchert, die Zeit schielte
mich aus seinen Fugen an. Von vielen Jahren weich ge-
mahlene Basaltsteine waren das einzig Schöne, das zu

mir durchdrang. Rechts und links parkten Autos, die morgendliche Rushhour hatte schon begonnen und auf der etwas zu engen Straße schoben sich die Fahrzeuge aneinander vorbei. Das Hupen, die Hektik und die vor Stress verzerrten Gesichter nahm ich nicht wirklich wahr in meinem Tunnel. Ich hatte meine dreijährige Tochter Liv im Anhänger vor mir, sie versuchte mir irgendetwas zu erzählen, während ich lief und mein Herz mir bis zum Hals schlug. Ich rannte regelrecht, nicht weil ich grundsätzlich an meinem Fitnesslevel interessiert gewesen wäre – das nach Schwangerschaften und im sagen wir mittleren Alter (mit Tendenz zum Fortgeschrittenenmodus) zugegebenermaßen etwas ramponiert war –, nein, ich rannte, weil ich mit Andi um sechs Uhr aufgestanden war, Paul um Punkt zehn nach sieben an der Bahn stehen musste und Fannie um fünf nach acht fertig angezogen an der Tür, damit der Nachbarsjunge Moritz nicht schon wieder auf sie warten musste; ich rannte, damit Liv nicht später als um halb neun im Kindergarten abgeliefert wurde und ich um Punkt neun den Rechner hochgefahren und das Telefon in der Hand hatte, um ein Interview zu führen, auf das ich mich noch vorbereiten musste. So, und wenn jetzt jemand denkt, da fehlen ein paar Punkte, die den Satz in leicht verdauliche Häppchen zerlegen, dem sei gesagt: Exakt so war unser Leben. Ohne Luft zu holen und mit einem Puls von 180 permanent auf dem Laufband, das uns mit sich forttrug – ohne Pause, ohne Sinn.

Nach dem ersten Auftrag, an dessen Inhalt und Sinn ich mich wirklich rein gar nicht mehr erinnere, musste die gepackte Tasche rasch ins Auto geschmissen, eine Bluse übergeworfen und das Jackett noch glatt gestrichen werden, um den nächsten Termin in Düsseldorf nicht komplett zu vermasseln. Ich hatte Texte pünktlich und zur allgemeinen Verständlichkeit auszuspucken wie der Bankautomat seine Geldscheine.

In dem Moment also, als ich mit Liv über die nasse Straße in den Kindergarten hetzte, zu sehr außer Atem, um den Worten meiner Tochter Aufmerksamkeit zu schenken, den Blick auf den Boden gerichtet und meinem Herzschlag hinterherhastend, unterbrochen nur vom kurzen E-Mail-Checken und WhatsApp verschicken, um die Termine des Tages im Blick zu behalten, fuhr ein Müllauto an uns vorbei und übergoss mich mit dem nassen Dreck der Straße – und genau in diesem Moment erhob ich mich über mich selbst und beobachtete die Szene aus der Vogelperspektive. Und ich war alles andere als versöhnt mit dem, was sich mir darbot.

Was für ein erbärmlicher Morgen. Nicht wegen des Regens und des Graus und des Drecks. Das alles ließe sich mit einer irgendwie gearteten positiven Grundhaltung noch ertragen. Nein, es war diese Geschwindigkeit, mit der ich durchs Leben hetzte. Ich lief und lief, ohne anzukommen oder wenigstens einmal Luft zu holen. Ich lief, weil ich laufen musste, um mein Tagespensum zu schaffen (und letztlich gemeinsam mit meinem Mann die Familie zu ernähren). Ich lief, weil es auch ein bisschen zur Gewohnheit geworden war. Ich lief, ich arbeitete, ich aß, ich schlief. Diese vier Tätigkeiten sind von den letzten Jahren in unserer Stadt und in unserem ganz normalen Leben in Erinnerung geblieben.

»Nun beklagt euch mal nicht«, hörte ich Freunde sagen, »das geht uns doch allen so. Das ist in unserer Gesellschaft einfach so.« – »Ohne Fleiß kein Preis«, drang es aus einer anderen Ecke zu mir ans Ohr. Irgendwie versuchte mir so ziemlich jeder beizubringen, das Leben so zu akzeptieren, wie es war. Schließlich ginge es uns ja gut. Stimmt schon. Wir waren gesund. Wir hatten tolle Kinder. Wir waren zwar nicht reich, aber wir hatten Jobs, die so ziemlich alles ermöglichten, was wir uns als Ziel setzten: ein kleines Haus in der Stadt (in dem sich immer mehr Dinge anhäuften, die keiner mehr brauchte) und in einem netten Umfeld. (Die Leute um uns herum hetzten allerdings genauso aufgedreht durchs Leben wie wir. Oder sie stressten uns, weil sie beim Straßenfegen zu einem Vormittagsplausch aufgelegt waren und wir nicht wussten, wie wir möglichst elegant wieder entkommen konnten, um weiterzuarbeiten. Wobei – von letzterer Spezies gab es in unserer direkten Umgebung genau eine Einzige. Eine Einzige, die sich die Zeit nahm, um sich ganz normalen Dingen wie einem Vormittagsplausch hinzugeben. Eigentlich schade.)

Wir hatten Freunde, die wir kaum sahen, Familie, der alle paar Wochen ein hektischer Besuch abgestattet wurde, und einen kleinen Garten, dessen Verwilderung wir eine romantische Note andichteten. Außerdem fuhren wir mindestens zweimal im Jahr in Urlaub – Hauptsache raus in die Natur. Natur. Ruhe. Ach ja.

An der Existenz unserer Kinder durften sich Jahr für Jahr andere laben. Sie waren im Kindergarten, in der Schule, in der Ganztagsbetreuung, im Sportverein, wo auch immer, Hauptsache, sie hielten uns nicht ab von unseren Jobs.

Da ist zum einen Paul, unser Erstgeborener. Den wir nach einer schweren Geburt mit anschließendem Kaiserschnitt im Arm hielten und für das größte Wunder dieses Universums hielten. Den wir im Körbchen in unser Regal gelegt hatten. Der immer strahlte und mit seinem unwiderstehlichen Blick wildfremden Menschen Süßigkeiten abschwatzte. Da war er kaum ein Jahr alt. Der auf meinem Schreibtisch groß wurde und den ich schon im Alter von einem halben Jahr mit zu Terminen in andere Städte nahm. Da wurde er dann von Freunden im Anhänger herumkutschiert, und ich erbat mir alle paar Stunden eine Pause, um den Kleinen rasch zu stillen (was ich überaus emanzipiert fand). Seine ersten Schritte machte er im Garten von Oma und Opa – ich durfte sie mir dann auf Video anschauen. Fast live. Fast so gut wie dabei gewesen. Fast.

Mittlerweile ging Paul schon auf eine Gesamtschule. Ihn sahen wir von unseren drei Kindern noch am häufigsten, weil er mittags aus der Schule nach Hause kam. Mittagessen?»Ich mach dir einen Pfannkuchen« oder»Iss' ein Müsli, ich koche später was«. Danach saß er oft auf dem Sofa, zockte *Clash Royal* oder irgendein anderes Spiel (ich hatte gewiss durch ein kurzes Nicken zugestimmt), bis mein Timer mir sagte, dass er zum Handball oder zum Kickboxen musste.»Darf ich mit Philipp schwimmen gehen?« –»Du weißt doch, du hast Kickboxen.« Antwort: trübes Gesicht, ein»Ach ja« auf den Lippen. Den Schlagzeugunterricht hatten wir schon Jahre vorher aufgegeben, obwohl Paul den Rhythmus und die Musik geliebt hatte. Weil es auf der Grundschule am Ende des dritten Schuljahres hieß:»Der Paul, wenn das mit seiner Rechtschreibung nicht besser wird, dann bekommt er – Atempause – eine Vier in Deutsch im Zeugnis und dann – Sie wissen ja selber –, dann kann ich keine Empfehlung fürs Gymnasium aussprechen. Sie müssen verstehen, da gibt es Regeln, blablabla.« Und wir Trottel saßen mit Schweißperlen, Stirnrunzeln und Gedankenspiralen auf den entwürdigenden Ministühlchen im Klassenzimmer und ließen uns einlullen. »Was willst du werden?«, schimpften wir mit Paul? Ingenieur, Manager, Psychiater, Architekt, Papst, Bundeskanzler? Egal, wofür du dich entscheidest, mein Sohn, ohne Abitur landest du auf dem namenlosen Haufen der Geschichte. Dann bist du ein Nichts, ein Niemand, ein Versager. Du wirst deine Familie nicht ernähren können (bestimmt hast du später Kinder, die du ernähren willst). Ohne Rechtschreibung? Läuft gar nichts. Womöglich erkennst du nicht mal ein Akkusativobjekt, wenn es vor deiner Nase steht. Du wirst auf der Straße landen. Ohne Geld, ohne festes Einkommen. Schlimmstenfalls auch noch ohne 254-Gigabyte-Smartphone und 55-Zoll-Glotze. Was für ein Horror. Mein innerer Film lief mühelos bis ins Jahr 2050 und weit darüber hinaus.

Statt Schlagzeugunterricht also, an dem Paul wirklich Freude hatte, gab es einen Sommer lang *Lies-mal*-Hefte bis zum Abwinken und einen versauten Campingurlaub am Weißensee. Und es folgte eine ganze Batterie an Investitionen in Pauls Zukunft – für Extraportionen Deutsch am Nachmittag durften wir noch mal ein paar Extrarunden rennen.

Mann, waren wir Mainstream. Das ist nämlich das absolut Verrückteste an dieser Episode – wir befanden uns in allerbester Gesellschaft. Denn das hier Beschriebene ging allen so, deren Kinder nicht in allen Fächern zumindest auf eins oder eins minus standen. »Ah, die Charlotte hat nur eine zwei minus in Mathe nach Hause gebracht – hat sie vielleicht eine Dyskalkulie?« – »Der Martin hat in Englisch eine Fünf geschrieben. Also, was soll aus diesem Jungen denn mal werden?« Insgeheim war man ja ganz dankbar, dass nicht alle Lenas oder Franz' waren, oder wie die Überflieger alle hießen. Denn sonst hätte man die eigene erbärmliche Existenz und die Zukunft der Kinder noch düsterer gesehen als nach diesem Gespräch auf den wackeligen Grundschulstühlchen – die wir selbstverständlich wohlerzogen wieder ordnungsgemäß auf die Minitischchen stellten, nachdem wir uns unsere Watschn für Pauls Grammatikkenntnisse abgeholt hatten.

Dann kam Fannie, unsere Zweitgeborene. Die, die am wenigsten Aufmerksamkeit bekam, weil bei ihr alles immer lief wie frisch geölt. Fannie, die das Privileg hatte, als einziges unserer Kinder auf natürlichem Weg auf die Welt zu kommen. Nachdem Andi bei der PDA in Ohnmacht gefallen war und ich mich bei einem Himbeermarmeladenbrötchen auf den Schlussspurt vorbereitet hatte, kam Fannie in einem furiosen Finale zu uns geprescht. Andi, wieder erwacht, konzentriert und mit bestem Blick auf das Geschehen, schrie mich an: »Die schaut mich an. Die schaut mich mit großen Augen an.« Und tatsächlich, Fannies Augen schauten, den Kopf in der Luft, den Körper noch tief in ihrer Geburt vergraben, mit offenen Augen in diese Welt! Und daran hat sich bis heute nichts geändert. In der Grundschule wackelte sie morgens fröhlich mit ihrem viel zu schweren Bambi-Schulranzen aus dem Haus und warf ihn nachmittags um vier vor der Tür auf die Straße, um Andi in die Arme zu fliegen. Dienstagnachmittags kam sie mit ihren Freundinnen schon um zwei an. »Mama, du weißt doch, heute ist Dienstag, da kommen Alma und Inga immer mit.« – »Almatag. Mist, total vergessen, macht euch in der Küche etwas zu essen, ich komme gleich.« – »Ja, Herr Müller, der Text kommt morgen ganz bestimmt.« – »Ach Uli, das Skript für das Video hatte ich dir doch schon geschickt. Ach, hatte ich nicht, ich sende es gleich noch mal. Nein, sei mir nicht böse, schau mal drüber, ich glaube, der erste Entwurf ist gar nicht so schlecht.« Fannie machte es sich derweil mit ihren Freundinnen gemütlich, die drei buken Pfannkuchen und gingen später gemeinsam zum Turnen – oft genug wollte ich sie abholen, doch irgendwie kam immer irgendein wichtiger Termin dazwischen. Und dann war da noch Liv, unsere Nachzüglerin. Die, die uns unser Leben zurückgeschenkt hatte, nachdem wir ein Kind, kaum geboren, wieder in die Ewigkeit entlassen mussten. Und nun gaben wir Liv her, morgens möglichst früh in den Kindergarten, und wir holten sie erst wieder ab, wenn der Kindergarten endgültig schloss. Keine Minute früher. Und so manches Mal sogar noch ein paar Minuten danach. »Andi, ich muss Liv abholen, der Kindergarten macht gleich zu.« Es war dann meistens schon gegen fünf, und Liv, überhaupt nicht müde, wie es sich für ein Kind in diesem Alter gehört, war bereit für Action. »Was machen wir denn jetzt Schönes?« Ich selbst, erledigt vom Gehetze des Tages, war viel zu erschöpft, um die Frage überhaupt zur Kenntnis zu nehmen – von Programmvorschlägen gar nicht zu reden. Wie hatten wir uns auf dieses Kind gefreut, uns danach gesehnt, es in den Armen zu halten, es durchs Leben zu begleiten!

An jenem dunkelgrauen Morgen, den Dreck der Straße auf meinen Klamotten, wisperte mir meine innere Stimme etwas ein. Ach was, wispern. Ein innerer Tornado tobte, wütete, riss mit aller Gewalt meine mühsam aufgebauten Barrikaden ein: »Wie kann es sein, dass du von morgens bis abends rennst. Dass du alles Mögliche erledigst, aber nichts schaffst. Dass du deinen Kindern nicht zuhörst, deinen Mann kaum siehst, obwohl ihr in einem Haus lebt. Dass du kein Gefühl mehr zu dir selber hast. Dass dein Tag mit jedem schnellen Schritt und jeder WhatsApp, jeder E-Mail kürzer zu werden scheint, obwohl du ihn maximal ausnutzt. Dass du hier verdammt noch mal mit dem Dreck der Stadt überschüttet stehst, weil du mal wieder möglichst schnell irgendwo sein musstest, um irgendetwas extrem Wichtiges zu erledigen.

Dieser Tornado hatte sich über Jahre hinweg zusammengebraut, und er bekam täglich so reichlich Futter, dass er irgendwann begann, meine ohnehin laute eigene Stimme zu übertönen. Wir waren zu lange schon willige Handlanger dieses Monstrums namens Alltags, das wir uns selbst erschaffen hatten. Wir und all die Notwendigkeiten, in denen wir uns verstrickt hatten. Vor seinen Tentakeln gab es scheinbar kein Entkommen. Geld rein, Geld raus, Geld rein, Geld raus. Ein nimmer müder werdender Strom an Notwendigkeiten hatte uns mit sich fortgerissen.

DIE WELT DREHT ENDGÜLTIG DURCH

**Zweites Kapitel, in dem uns
die Welt zu nah auf die Pelle rückt**

Köln, im November 2015

Während uns unser Dasein, für das wir ja niemand anderen verantwortlich machen konnten als uns selbst, schon derart durcheinanderschleuderte, dass wir kaum Luft genug zum Atmen bekamen, schien die Welt um uns herum es gerade genauso halten zu wollen. Sie drehte völlig durch.

Krieg hatte – und hat auch heute – in unseren Köpfen gefälligst anderswo und bitte freundlicherweise in mindestens ein paar Tausend gepflegten Kilometern Abstand stattzufinden. Wir gehören zu der ersten und zweiten Generation, die das Recht für sich beanspruchen, in einen Dauerfrieden hineingeboren zu sein. Für uns ist das Leben in friedlichen, geordneten Bahnen so selbstverständlich, dass wir Krieg allenfalls als ungebetenen Störenfried in den Abendnachrichten akzeptieren. Mit den Scharmützeln, die überall auf der Welt ausgetragen werden, haben wir nicht das Geringste zu tun.

Als sich im Sommer des Jahres 2015 aber plötzlich Millionen Syrer, Iraker, Afghanen und Eritreer auf den Weg machten, in mehr oder weniger dichten, überfüllten Schlauchbooten, platt gefahrenen Lastwagen oder einfach nur zu Fuß, mit Sack und Pack und Kindern auf dem Arm, da kamen uns der Krieg und das ganze Elend plötzlich doch ein bisschen zu nah.

Für die einen war dies der Beginn einer »Willkommenskultur«, die Deutschland sich selbst wohl am wenigsten zugetraut hätte (zu verdanken den zigtausend ehrenamtlichen Helfern, die am Ende des Jahres als »Gutmenschen« den ersten Platz im Wettbewerb um das Unwort des Jahres einnahmen). Für die anderen war der Strom an Geflüchteten quer durch Europa der längst überfällige Anlass, sich in Schwarz-Rot-Gold zu hüllen und die Grenzen unseres Landes wie auch der eigenen Haustüren mit dicken Vorhängeschlössern zu sichern. Durch die Gesellschaft, durch jede Stadt und jedes Dorf, oft auch durch Familien und Freundschaften taten sich Gräben auf: Hier diejenigen, die massenweise Lebensmittel, Kleidung, Spielzeug und alles, was in unserem Leben im Überfluss vorhanden war, spendeten; dort diejenigen, die Stacheldraht und Zäune forderten, um eine schwelende Gefahr im Zaum zu halten.

Was in Deutschland Familien und Freundschaften vor eine Zerreißprobe stellte, schaffte es mühelos, Europas Selbstverständnis zu kippen: Während hier noch »Wir schaffen das« proklamiert wurde, begannen die anderen, sich von dem Nachkriegs-Friedenssicherungs-Solidaritäts-Europa zu verabschieden. Uhren vor oder zurück, das war jetzt die Frage.

Den ganzen Sommer über war bei uns der Fernseher heiß gelaufen. Bilder von staubigen Straßen, Kilometer um Kilometer voll mit Menschen und ihren Plastiktaschen, quollen aus den Nachrichtenseiten. Flüchtlingslager, Auffanglager, Notunterkünfte, Rotes-Kreuz-Zelte, Menschenmassen, die sich nicht aufhalten ließen – bis Ungarn die Balkanroute mit einem Stacheldrahtzaun abschnürte und der türkische Staatschef Erdoğan mit viel Geld zum Türsteher unseres Kontinents aufstieg. Paul, Fannie und Liv sahen all das in den Kindernachrichten. Kindgerecht aufbereitet und doch tief in ihr Bewusstsein dringend. Und da die Flüchtlingskrise längst von den Stammtischen in die Familien, an den Esstisch und in die Schulstunden gerückt war, erhielten zumindest Paul und Fannie, damals zehn und acht Jahre alt, ihre ersten Lektionen in Sachen Europa- und Flüchtlingspolitik, in Menschlichkeit und Mauerbau. Und sie bekamen ein Lehrstück darüber geboten, wie der Zusammenhalt in Europa, zusammengekleistert im Nachgang zweier Kriege, zu bröckeln begann.

Spätestens am 13. November 2015, also ungefähr zu der Zeit, als uns unser eigenes Leben um die Ohren flog, brach mit den Terroranschlägen in Paris das vollständige Chaos in Europa aus. Paul saß mit Freunden vor dem Fernseher und schaute sich das Fußballspiel Deutschland–Frankreich an, als Detonationen im Stade de France und in den Straßen und an öffentlichen Treffpunkten in verschiedenen Pariser Arrondissements 130 Menschen aus ihrem Leben rissen und Millionen Zuschauer weltweit aus ihrer Routine. Spätestens ab diesem Zeitpunkt schien ein völlig irrsinniger Wettlauf einzusetzen: Wer killt wo am meisten Menschen – möglichst effizient und vor allem möglichst medientauglich. Istanbul, Brüssel, der Terror rückte uns gefährlich auf die Pelle. Er hatte sich in kürzester Zeit den Platz erobert, den ihm seine Macher zugedacht hatten: Wir alle machten uns klein vor der Größe der Gewalt. Wir duckten uns weg, diskutierten und hofften, dass das alles ein Ende nehmen würde. Die Extremisten versauten uns nicht nur unsere Abendlaune, sie mischten uns und unsere Lebensgewohnheiten kräftig auf. Paul, damals mit zehn genau in der Phase seines Lebens, in der man das erste Mal begreift, was es mit dem Leben so wirklich auf sich hat, dass es einen Anfang gibt und auch ein Ende und dass der Tod mehr ist als das schauerlichste aller Monster aus dem Märchen, ihn traf der um uns grassierende Terror wahrscheinlich stärker als Fannie, für die Alma und Inga weit wichtiger waren als die Dinge des realen Lebens, und ganz sicher stärker als Liv, der das alles mit ihren drei Jahren noch schnurzpiepegal war. Für Paul und für uns Erwachsene drang der Terror ungemütlich nah an unsere Existenz heran. Die unmittelbaren Folgen des Pariser Attentats: Wir stellten die Nachrichten ab. Fernsehen aus, Radio aus, Internet heimlich, Zeitungen weggepackt. Wenn die Kinder in der Nähe waren, versuchten wir, ein Lächeln aufzusetzen, das sagte: »Alles ist gut, das Leben ist schön.« Wenn sie im Bett waren oder in der Schule, drehten unsere Gedanken ihre Marathonrunden. Wir hätten so gern die Welt gerettet – aber wir fanden den Schlüssel nicht.

Und da war wieder diese Stimme in mir. Sie wisperte und sprach und neben ihr hämmerte irgendjemand in meinem Gehirn. »Wir müssen unseren Kindern ein Grundvertrauen ins Leben schenken. Paul, Fannie und Liv brauchen neben uns, die wir viel zu wenig Zeit für sie haben, eine Basis, auf der sie zu starken, glücklichen, erwachsenen Menschen heranwachsen können. Die später ein Rückgrat haben werden und vielleicht besser als wir heute wissen, was zu tun ist, wenn die Welt um herum ins Wanken gerät. Die zumindest ihren Platz darin finden werden – ohne tägliche Angst davor, dass morgen alles um sie herum zusammenbricht.« Wie, dachten Andi und ich, sollen sie zu angstfreien Menschen heranwachsen, wenn sie nur mit Bad News gefüttert werden. *Bad world, bad news.* Wir hatten so etwas von genug davon. Und wir beschlossen: Auch unsere Kinder hatten in ihrem jungen Leben schon eine zu hohe Dosis davon inhaliert. (Dabei prognostizierten Umfragen zu diesem Zeitpunkt noch eine Frau als nächste amerikanische Präsidentin, und vom Brexit war Großbritannien noch meilenweit entfernt. Es sollte also noch schlimmer kommen.)

Unsere Kinder brauchten positive Erlebnisse. Doch woher sollten wir sie nehmen? Radio und Fernseher abzustellen war definitiv ein Einstieg. Doch das allein reichte nicht. Wir wollten sie in dem Bewusstsein erziehen, dass die Welt gut ist. Dass sie keine Angst davor zu haben brauchen. Wir fühlten uns gerade in dieser Phase mehr denn je mit allen Europäern solidarisch, auf die der islamistische Terror es abgesehen hatte. Wir waren Charlie Hebdo. Wir waren Paris. London. Brüssel. Wir waren Europa. Und so war es nur selbstverständlich, dass wir den Kindern Europa als ihre Heimat nahebringen wollten, in die sie vertrauen können.

WENN PLÖTZLICH ALLES MÖGLICH ERSCHEINT

Drittes Kapitel, in dem eine Entscheidung kurzen Prozess mit unserem Gedankenwirrwarr macht

Köln, im April 2016

Die Entscheidung hatte sich dann ein paar Monate nach meinen morgendlichen, vogelperspektivisch anmutenden Inneneinsichten ereignet. Ja, anders kann man es nicht sagen, die Entscheidung war weder gefallen noch wurde sie getroffen. Sie war ein Ereignis. Eines Morgens, Anfang April 2016, die Kinder waren im Kindergarten und in der Schule geparkt, sprach Andi in unserer Küche die für uns entscheidendsten Worte. Ohne ausschweifende Rede, wie es so seine Art ist, räumte er mit nur einem Satz unser bisheriges Leben ab: »Wir machen das jetzt einfach!« Zwischen zwei Bissen in sein Frühstücksbrötchen, einer kurzen Pause vom Rechnungsprüfen, Planen oder Entwerfen, vielleicht auch beim Fegen der unregelmäßigen Küchenplatten der Lindlarer Grauwacke – ich weiß es schlicht nicht mehr, die nachfolgenden Ereignisse haben meine diesen Zeitpunkt betreffenden Erinnerungen regelrecht zerrupft – muss irgendetwas bei Andi klick gemacht haben. Ich stelle mir das so vor: Seine Entscheidung muss sich den ganzen elend langen Weg vom tiefsten Unterbewusstsein in die höheren Sphären seines Bewusstseins gebahnt haben, vorbei an allerlei Gehirnecken und nicht enden wollenden üblen Gedankenspiralen. Sie wurde unterwegs böse attackiert von einer ganzen Armee an handfesten Zweifeln und völlig logischen Einwänden, beschossen von Vernunftskanonen und Zukunftsängsten, aber stetig befeuert von einem irgendwo lauernden Freiheitsdrang und der schieren Kraft der Phantastereien von einem besseren Leben, bis sie schließlich weit oben zwischen seinen Lippen in Form von ruhigen, beinahe bedächtigen Schallwellen in die Küche und mein Ohr waberten. Ob nun bewusst oder unbewusst, gesteuert oder losgelassen, es gab kein Zurück mehr: Die Worte waren da. »Wir machen das jetzt einfach!« Urplötzlich. Vielleicht mit jahrelanger Vorarbeit synaptischer Schweißarbeiten. Aber für mich zumindest ohne Vorwarnung. Die Entscheidung traf, nachdem sie den Gehörgang durchstoßen hatte, an die Außengrenzen meines Gehirns und mich selbst mit aller Wucht mitten ins Herz. Mein Herz wiederum setzte nun mindestens einen Schlag aus, um mein an Sauerstoff minderversorgtes Hirn mit einer Art Ahnung zu füttern, ehe ich verstand, dass dieser kurze Satz unser Leben radikal verändern würde.

Wenn einer sich plötzlich auf den Kutschbock wirft und die Zügel in die Hand nimmt, der sonst gerne hinten im Wagen sitzt und mit Richtungsweisungen eher sparsam umgeht, um anderen den Vortritt zu lassen, dann, ja dann hört man genau hin! Dieses »Wir machen das jetzt einfach!« war die Antwort auf all unsere Fragen: Konnte dieser ganze Irrsinn unserer Umherhetzerei einfach so weitergehen? Nein! Wollten wir endlich mehr

Zeit mit unseren Kindern verbringen? Ja! Wie konnten wir unseren Kindern Vertrauen ins Leben schenken? Genau so! Mit einer Reise!

Wir beide saßen also in der Küche auf unseren Stühlen und wussten, dies ist einer der Momente, die überdauern. Vorausgegangen war ihm ein paar Wochen zuvor, wie bei so vielen wichtigen Entscheidungen im Leben, eine Art Countdown. In diesem Fall war es eine Radiomeldung, in der der Sprecher neben der täglich üblichen Ration Horrormeldungen mitteilte, dass der ehemalige Außenminister und langjährige FDP-Vorsitzende Guido Westerwelle im Alter von 54 Jahren gestorben war. Nun war Guido Westerwelle niemand, den wir persönlich kannten, und noch nicht einmal jemand, der uns politisch nahestand. Dennoch, seine Krankheit, sein Leiden, seine letzten Runden in dem Kölner Park, in dem wir so oft mit unseren Kindern um den See gefahren sind, das Interview auf *Spiegel Online*, dem die Redakteure den Titel »Und dann stirbste« verpasst hatten und in dem Westerwelle bekennt, dass er leben will und nicht nur »in Pantoffeln um den See schlurfen«, »die Sonne sehen« statt sich von der Anzahl seiner Leukozyten herunterziehen zu lassen – das hatte vielleicht den Aufstiegskanal dieser Entscheidung freigeputzt. Vielleicht hatte auch die Erkenntnis an Andi gerüttelt, dass Westerwelle nun keine fünf Gehminuten von unserem kleinen Sohn Kaya entfernt auf dem Melatenfriedhof lag, im Promisektor zwar, aber dennoch von ein und derselben Backsteinmauer umgeben. Wie dem auch sei, irgendetwas in ihm hatte den Ausschlag gegeben, eine radikale Wendung unseres Lebens auf den Weg zu bringen.

Wie oft hatten wir davon geträumt, unser Leben zu ändern? Wie oft hatten wir uns in die Einsamkeit der

Natur gesehnt, auf einen Ozeandampfer, wie oft hatten wir anderen in ihren YouTube-Roadmovies beim Leben zugesehen. Nun, und das wusste ich nach diesen wenigen Worten, würden auch wir uns auf den Weg machen. In diesem Moment, in dieser Küche, mitten in Köln, hatten wir beschlossen, dem Wahnsinn die Stirn zu bieten. Nicht mehr mitzumachen. Auf die Bremse zu treten. Wir hatten entschieden, auf Reisen zu gehen und unserem bisherigen Leben zumindest für eine Zeit lang die Luft rauszulassen.

LOSLASSEN

**Viertes Kapitel, in dem ich den Tränen ihren
Lauf lasse, weil ich beinahe mal wieder nur fast
dabei gewesen wäre**

Köln, im Juli 2017, kurz vor Beginn der Reise

Im Kindergarten von Liv, ihr Abschiedsfest. Neda hatte
ein Buch auf einen alten Projektor gelegt und den Kindern und uns Eltern daraus vorgelesen. *Überall Blumen*
hieß es. Ein Mädchen geht darin mit seinem aufs Handy
starrenden Vater durch eine schwarz-weiße Stadtland-
schaft und entdeckt farbig-klecksige Blumen inmitten
des Graus. Später saßen alle im Kreis im Garten des Kin-
dergartens. Es war Sommer und wunderbar warm. Liv
trug die blaue Abschiedskrone, die die Erzieherinnen
mit ihr gebastelt hatten. Mit Perlen besetzt. Als Liv zu
Neda und Nicole trippelte, um sich ihre Kindergarten-
mappe abzuholen, den Blick zu Boden gerichtet und die
Lippen zwischen den Zähnen, sangen alle gemeinsam:
»Schwimm, kleines Wolkenboot, hoch am Himmelssaum.
Schwimm an dem Mond und den Wolken vorbei, das
Leben ist ein Traum.«

Ich filmte die Szene mit meinem Handy, denn ich wollte sie unbedingt festhalten. Bis ich merkte, dass ich vor lauter Tränen nichts mehr sah, weder auf dem Display noch real. Ich sah nicht diesen wunderbaren, einzigartigen Moment, der sich genau vor mir abspielte. Als ich dann die großformatige Mappe in Händen hielt, die wir zum Abschied aus dem Kindergarten überreicht bekamen – mit den selbst gemalten Bildern, den liebevoll eingeklebten Fotos, auf denen sie malte, tanzte oder draußen mit Mütze und Matschhose auf dem Schoß von Neda saß –, da konnte ich nicht mehr aufhören zu weinen. In diesem Augenblick wusste ich, was wir in den vergangenen elf Jahren verpasst hatten. Wo waren nur unsere Kinder all die Zeit gewesen? Und was hatten wir getan, statt Zeit mit ihnen zu verbringen? Ich war so oft da gewesen, aber nicht dabei. Durchs Display geschaut, über Skype gequatscht, Bilder auf WhatsApp geteilt. Aber nicht dabei gewesen!

In diesem Moment war ich überzeugter denn je, die richtige Entscheidung getroffen zu haben. Wir mussten raus aus diesem Leben, hin zu uns selbst! Raus aus diesem Chaos, rein in ein neues, bewussteres, unbeschwerteres, freieres Leben.

OHNE VORBEREITUNG LÄUFT DAS NICHT

Fünftes Kapitel, in dem To-do-Listen her müssen und das Dauerthema Schulpflicht seinen Raum bekommt

Köln, im Januar 2019, nach unserer Rückkehr

»Ja, ihr könnt das, ihr habt ja Geld! Wir können das nicht.« Ein Jahr freinehmen, eine Zeit lang mal nichts mehr müssen und nur dürfen, klingt märchenhaft. Bleibt für viele aber dann auch genau das, ein märchenhaft bittersüßer Traum. Ich habe das so empfunden: Wenn die Träume einen lang genug piesacken, setzen sie sich durch. Dann beginnt man, plötzlich ein bisschen besser hinzuhören, nimmt sie schließlich unwillig ernst und setzt sich mit ihnen an einen Tisch, um wirklich auf Augenhöhe mit ihnen zu diskutieren. Ab diesem Moment ist alles möglich! Unsere Erfahrung ist jedenfalls die: Wenn man diesen Träumen nicht zuhört und ihnen nicht irgendwann zu ihrem Recht verhilft, dann nisten sie sich wie ungebetene Mitbewohner unerbittlich in unsere Tage und Nächte ein. Also, Punkt eins auf unserer To-do-Liste Richtung Auszeit: Träume zulassen, ernst nehmen und ihnen zuhören. Und »geht nicht« aus dem eigenen Gedankengebäude alternativlos streichen! »Nichts wie weg« hingegen klingt einfach, funktioniert aber bei den Wenigsten. Zündschlüssel umdrehen, erster Gang rein, Gaspedal runter und los! So einfach könnte es sein, wenn da nicht doch noch unser ganzes Leben sein Gewicht auf die Bremse werfen würde. (Wenn es anders wäre, hieße es ja im Umkehrschluss, dass da nichts ist, was einen so beharrlich festgehalten hat. Das will ja auch keiner.) Also, bevor es auf die Rampe zur großen Freiheit geht, braucht es einen inneren Antrieb. Ist aus dem Traum durch intensiven inneren Diskurs mit dem kleinen Schweinehund in unserem Nacken der Entschluss gereift, ist das Wichtigste geschafft. Ab jetzt geht es nur noch ans Abarbeiten.

Dann plagen uns erst mal die Zweifel. Und da hilft es natürlich wenig, vor sich her zu leiern: »Wir können das nicht.« Belege für dieses Mantra finden sich bei intensiver Betrachtung reichlich, vielleicht mehr als Argumente *für* eine Auszeit. Denn schließlich tauscht man ein bekanntes, irgendwie funktionierendes System gegen eine völlig fremde Galaxie ein. Von den Argumenten, die gegen eine Reise ins Feld gebracht wurden, hörten wir immer wieder (und dachten wir natürlich selbst auch so manches Mal): a) Wir können uns das nicht leisten. b) Wir bekommen danach nie wieder einen guten Job. Und c) Die Kinder müssen in die Schule, sonst bekommen sie später auch keinen guten Job. So oder so ähnlich. Diese unlauteren Machenschaften der auf Beständigkeit angelegten Kleingeister in uns müssen wir versuchen, argumentativ zu übertrumpfen. Zuallererst, Reisen kostet gar nicht so viel, jedenfalls bei Weitem nicht so viel, wie die meisten von uns für ihre Urlaube aus der Tasche ziehen.

Und wer sagt denn, dass man nicht auch in einem neuen Job glücklich werden kann? Und überhaupt: Fragt eigentlich irgendjemand mal danach, ob die Kinder überhaupt die tollen Jobs wollen, für die wir so kräftig werben? Wir alle leben in Routinen, okay, geschenkt. Aber warum nicht mal eine Routine gegen etwas Neues eintauschen? Wenn man sich dann selbst immer wieder überzeugt hat, kommt dann wirklich die To-do-Liste. Ein nicht enden wollender Berg an aufreibenden Vorbereitungen baut sich am Horizont auf, der uns den Blick auf das Dahinter mit breiter Schulter verwehren will. »Bleibt verdammt noch mal da, wo ihr hingehört«, scheint es aus diesem Berg zu röhren. Aber nein, wir bleiben standhaft, wir lassen uns auch davon nicht aufhalten!

Was genau gibt es denn zu tun, um zu jenem vagen, traumgleich anmutenden Zeitpunkt vorzurücken, an dem es endlich losgeht? Da der Weg hin zu dieser Startlinie nur wenig begangen ist, erscheint er umso beschwerlicher. Die Phase zwischen Entscheidung und Abfahrt zieht Energie gleich extrajouleweise auf, und ganz ehrlich, auch bei uns hat es keinerlei Diät bedurft, um in dieser Phase unser Gewicht zu reduzieren! Deshalb gilt zuallererst: nicht den Kopf verlieren, To-do-Listen anfertigen und in Minischritten abarbeiten. Die Entschädigung der Mühen immer vor Augen: eine Zeit mit viel Zeit!

Schritt eins: Träume zulassen und Entscheidung treffen

Klingt einfach, braucht aber Mut, Schweiß und zum richtigen Zeitpunkt das nötige Quäntchen Irrsinn. Auch wir haben uns jahrelang vom täglichen Trott einlullen lassen. »Geht nicht«, »wie sollen wir das finanzieren?« und »mit schulpflichtigen Kindern unmöglich« – wir haben uns unsere Einwände regelmäßig selbst eingeredet. Als es dann aber plötzlich hieß:»Wir machen das!«, als wir es wirklich fertiggebracht hatten, diese paar lausigen Worte auszusprechen, ging alles fast wie von selbst.

Schritt zwei: Finanzcheck und großes Aufräumen

Ohne Geld geht gar nichts. Aber vieles geht mit gar nicht so viel Geld. Wir haben erst einmal grob überschlagen, was uns unsere Reise kosten würde. Für drei Kinder und Hund, eine einfache Lebensweise vorausgesetzt, nicht allzu viele Campingplätze, sondern eher privat unterkommen oder wild stehen, haben wir mit dreitausend Euro im Monat kalkuliert. Dreitausend mal zwölf (Monate) macht sechsunddreißigtausend Euro. Dreitausend geteilt durch dreißig (Tage) geteilt durch fünf (Personen) macht genau zwanzig Euro pro Person und Tag. Hm. Nicht viel. Da gibt man zu Hause oft mehr aus. Aber: Wir haben unterwegs eine Familie getroffen, Mutter, Vater und Tochter, elf Jahre alt, die mit dem Fahrrad von Irland bis nach Griechenland gefahren sind und ihr Zelt dabeihatten. Ihre Ausgaben beliefen sich nach eigenen Angaben auf fünfhundert Euro pro Monat! Und keiner der drei sah aus, als ob er Mangel gelitten hätte. Unsere Ersparnisse eingerechnet und unsere reduzierten laufenden Kosten weiter bedienend, bedeutete das für uns, dass wir eineinhalb Jahre Vorbereitungszeit brauchten und so viel arbeiten mussten, wie es eben ging, um ein Polster anzusparen. Alle überflüssigen Verträge und Abos wurden nach der Entscheidung für die Auszeit gekündigt, unser Spendenengagement und sämtliche Ferienreisen gekappt, jede Menge Ballast über die Reling gekippt. Wer fest angestellt arbeitet, sollte frühzeitig mit dem Arbeitgeber reden. Und Freiberufler können versuchen, Kunden mit ins Boot zu holen. Gibt es eine Möglichkeit, Arbeitszeit anzusparen? Kunden mitzunehmen? Von unterwegs etwas dazuzuverdienen? Modelle gibt es mittlerweile viele. Wir hatten uns ausgerechnet, dass wir mit dem Gesparten, Mieteinnahmen und zusätzlichem Arbeiten von unterwegs über die Runden kommen müssten. (Tatsächlich wären wir ohne »Herrn Niesmann«, der noch ein tiefes Loch in unsere Kasse reißen sollte, am Ende der Reise plus minus null herausgekommen – sprich Mieteinnahmen und Honorare durch Schreiben von unterwegs hätten unsere Reisekosten auch ohne das in eineinhalb Jahren angefutterte Polster gedeckt.)

Schritt drei: Reiseart festlegen

Wie und wohin soll's gehen? Mit dem Wohnmobil durch Europa oder mit der Bahn bis nach Sibirien? Kontinente-Hopping auf dem Luftweg oder mit dem Segelboot über den Atlantik? Abhängig von den Vorlieben, der Ausgangsmotivation und dem Finanzpolster ist über die Art der Reise wahrscheinlich schnell entschieden. Änderungen ergeben sich ohnehin noch früh genug.

Schritt vier: Mit den Kindern sprechen

Ganz wichtig, wer mit Kindern reisen will, sollte sie frühzeitig ins Boot holen. Als wir unseren Kindern von unseren Plänen erzählt haben, lief nämlich alles ganz anders als erwartet. Während wir davon ausgingen, dass sie uns freudestrahlend um den Hals fallen würden, kam es uns vor, als hätten wir ihnen ein Bad in einem zugefrorenen See angekündigt. Damit hatten wir nicht gerechnet. Es gab tatsächlich Tränen, und das nicht zu knapp. Unvermittelt war der Zeitpunkt gekommen, an dem wir beginnen mussten, Verantwortung zu tragen und unsere Gedanken mit unseren Kindern zu teilen. Wir hatten dafür Sorge zu tragen, dass die Kinder Vertrauen in die Welt, in Europa, in sich selbst und in uns aufbauten. Wir erzählten ihnen von unseren Überlegungen, machten ihnen die Freiheit schmackhaft, versuchten sie mit dem Reisevirus anzustecken. Doch versprechen konnten wir ihnen nichts. Ob wir arm werden würden? Wir wussten es nicht. Ob sie ihre Freunde behalten würden? Das musste die Zeit mit sich bringen. Und ob wir Gangstern begegnen würden? Eher unwahrscheinlich, und zudem, die gibt's in geringer Dosierung doch überall.

Erst Monate später, als wir abends Wohnmobile scannten oder auf YouTube gemeinsam an Reisen von anderen teilhatten, kam Freude bei den Kindern auf. Mehr noch als Wohnmobile und Abenteuergeschichten zog dabei natürlich ein Argument, das alles Weitere in den Schatten stellte: die Aussicht, ein Jahr schulfrei zu haben.

Schritt fünf: Die Frage der Schulpflicht klären

Da nichts mehr an unseren Nerven gezerrt hat als das Thema Schulpflicht, nimmt dieses Kapitel auch hier den größten Teil unserer Reisevorbereitungen ein.

Die gute Nachricht zuerst: Reisen mit schulpflichtigen Kindern ist nicht nur möglich, sondern ist für jeden Einzelnen und die ganze Familie ein Megageschenk. Bis es so weit ist, fühlt sich das Leben allerdings an wie ein prall gefüllter Hausaufgabenblock. »Wie macht ihr das eigentlich mit der Schulpflicht?« Dieser Frage entkommt in Deutschland niemand, der mit seinen Kindern eine mehr als sechswöchige Reise unternehmen will. In der Schweiz, in Österreich, Italien oder Frankreich, fast überall in Europa stellt sich diese Frage hingegen nicht, aber dazu später!

Präziser muss die Gretchenfrage, um deren Beantwortung in Deutschland niemand herumkommt, der mit seinen Kids auf Reisen gehen will, eigentlich lauten:»Wie schafft ihr es, *trotz* der deutschen Schulpflicht mit euren Kindern ein Jahr auf Reisen zu gehen?« In unserer Vorbereitungsphase war die Schulpflicht eine Klippe, die uns irre hoch, fast zu hoch erschien. (Als wir dann unterwegs waren, kam sie uns vor wie ein klitzekleiner Kiesel; so verändert sich die Perspektive.) Ab der ersten Stunde unserer Reiseplanung klebte sie an uns wie ein Straßenköter und biss sich tief in die Wadeln hinein, oder wohl eher in unser Hirn, unsere Nerven.

Tatsächlich hat uns in der Vorbereitung nichts mehr beunruhigt als die Tatsache, dass wir uns mit unserem Wunsch, gemeinsam mit der Familie auf Reisen zu gehen, über geltendes deutsches Recht hinwegsetzen könnten, wenn wir keinen legalen Weg fänden. Denn der Gesetzgeber sieht in Deutschland weder vor, dass Kinder zu Hause lernen (*Homeschooling*), noch dass sie völlig frei lernen (*Unschooling*) oder sich ihre Themen gar in der Welt und unterwegs selber suchen (*Worldschooling*).

Ich will nicht an der Schulpflicht rummäkeln, es gibt gute Gründe für ihre Einführung vor genau 101 Jahren. Wer im Jahr 1919 Kinder hatte, schickte sie meist lieber aufs Feld oder verheizte sie in den brandneuen Fabriken der Städte, statt sie zur Schule gehen zu lassen. Kinder waren ein Wirtschaftsgut, welchen Sinn sollte ein Schulbesuch da machen? Seit der Einführung packt nun eine Generation Kinder nach der anderen in Deutschland die

Schulranzen und marschiert montags bis freitags oder samstags in Klassenräume und Schulgebäude. Mit der Weimarer Verfassung dann gab's für die Erwachsenen keine Ausreden mehr. Die Kinder gehörten auf die Schulbank! Und das war auch gut so.

Wagt man es nun, diese heilige Kuh der Schulanwesenheitspflicht auch nur ansatzweise infrage zu stellen, wird man rasch mit Reichsbürgern und anderen Sektierern in Verbindung gebracht. Dabei ist es durchaus angebracht, zumindest einmal zu erwähnen, dass Deutschland gemeinsam mit Schweden in der Auslegung des Themas Bildung in Europa recht einsam dasteht. Während in vielen europäischen Ländern eine Bildungspflicht gilt, tritt der deutsche Staat – oder besser die Länder – zum Wohle des Kindes gegenüber den Eltern als Vormund auf und entbindet diese mit der Schulpflicht von der lästigen Aufgabe, dem Nachwuchs Bildung mit auf den Lebensweg zu geben. Ich kann mir das nur folgendermaßen erklären: Entweder der Gesetzgeber geht davon aus, dass Eltern ihren Kindern a) nichts beibringen wollen, oder davon, dass sie es b) nicht können oder davon, dass sie c) zwischen ihren mehr oder weniger sicheren Jobs keine Zeit finden, das zu tun.

Was aber, wenn Eltern sich durchaus in der Lage sehen, die Bildung ihrer Kinder zu deren Wohl zu übernehmen? Und sei es nur während einer Auszeit? Oder wenn die Eltern davon ausgehen, dass den Kindern eine intrinsische Kraft innewohnt, die sie aus sich selbst heraus lernen lässt – in ihrem eigenen Tempo und nach ihren eigenen Interessen? Denn ein Leben ohne Lernen ist unmöglich, darin sind sich Neurobiologen, Entwicklungsforscher, Psychologen und Philosophen einig. Und überdies: Jede Menge gute Beispiele belegen, dass Schulwissen kein

Garant ist, weder für ein erfolgreiches noch für ein glückliches, zufriedenes Leben. Warum bringt uns eigentlich in all den Jahren Schule niemand bei, wie man glücklich wird? Glücklichsein als Schulfach, das wäre doch mal eine Idee. Dagegen wird Glücklichsein in der Schule rigoros ausgeklammert. Ist dort überhaupt jemand daran interessiert, ob die Kinder glücklich sind? Einzelne Pädagogen, sicher. Herausragende Lehrer, ja. Eine Professorin von der University of Yale etwa hat sich das Glück ihrer Studenten zu ihrer Aufgabe gemacht. Sie hatte es nicht mehr ausgehalten, in all diese unglücklichen grauen Gesichter von jungen Menschen zu sehen, die es doch immerhin an eine Institution geschafft hatten, die ihnen eine brillante berufliche Karriere prophezeite. So gab sie einen Kurs mit dem Titel »Psychologie und das gute Leben«, der zum Ziel hatte, den Studenten das Glück zu lehren, ja sie zu glücklicheren Menschen zu machen. Und tatsächlich, der Kurs hat es zum bestbesuchten Kurs an der Universität gebracht und zu einem viel beachteten in den USA.

Versucht man in Deutschland, sich als Eltern auf außerschulischem Wege für die Bildung seiner Kinder einzusetzen, gilt man rasch als kriminell; gehen die Kinder morgens nicht zur Schule, drohen Bußgelder und im schlimmsten Fall der Kindesentzug. Dabei täte eine Lockerung der Schulpflicht nicht weh: Untersuchungen zeigen, dass gerade mal drei Prozent der Eltern sich tatsächlich für ein anderes Modell als Schule entscheiden würden.

Diejenigen, die – aus welchen Gründen auch immer – ihre Kinder freier aufwachsen lassen wollen, werden heute jedenfalls bestens unterstützt durch ein breites, öffentlich verfügbares Portfolio an Lernmitteln: Online-Schulen führen zu jedem erdenklichen Schulabschluss,

Online-Universitäten produzieren Bachelor und Master. Dazu kommen Museen, Theater, Kinderunis, Wald und Garten, Sport- und Musikvereine, Bücher. Will sagen, wer lernen will, willkommen, wir leben im Paradies der unendlichen Möglichkeiten. Letztlich ist es aber tatsächlich möglich, die Kinder hier in Deutschland von der Schulpflicht zu befreien. Man braucht nur Durchhaltevermögen, Überzeugungstalent und ein Quäntchen Mut. Am besten von allem gleich die doppelte Portion. Mut, an sich selbst und an die eigenen Kinder zu glauben. Andi und ich haben bis kurz vor der Abreise nicht gewusst, *wie* wir die Schulpflicht knacken würden – denn sie hat sich wirklich als zähe Nuss entpuppt. Wichtig war für uns, jedem, der uns vor der Reise fragte, zu antworten, dass wir noch nicht wissen, wie wir das mit der Schulpflicht hinkriegen werden, aber dass wir auf jeden Fall reisen werden. Egal wie, wir würden eine Lösung finden. Große Klappe, nichts dahinter? Die vielen »Neins«, die wir uns unterwegs abgeholt haben, haben unseren Ehrgeiz eher noch angefacht. Andere haben es schließlich auch geschafft, es musste also möglich sein. Zudem waren wir mehr denn je davon überzeugt, dass wir uns nicht vorschreiben lassen wollten, wie und wo wir unser Familienleben zu leben haben.

Bei unseren Recherchen sind uns die eigentümlichsten Lösungswege begegnet. Die einfachste, aber gar nicht so selten praktizierte: Die Kinder werden von der Schule freigestellt. In diesem Fall sind Lehrer, Schulleitung und die Bezirksregierung davon überzeugt, dass die Familienauszeit mit Kindern ein guter Plan ist, und zwar obwohl das nach geltendem Schulrecht nicht vorgesehen ist. Schulen und Schulbehörden entscheiden in dieser Variante nach individueller Einschätzung der Situation, ob ein Kind eine gewisse Zeit außerschulisch lernen und reisen darf oder nicht. In dieser Variante hängt es davon ab, die Schule davon zu überzeugen, dass die Eltern in der Lage sind, die Situation einzuschätzen, und die Kinder offen genug, auch außerhalb der Schule etwas lernen zu wollen (Letzteres passiert nach unseren Erfahrungen automatisch, Kinder saugen Wissen geradezu auf).

Natürlich kommt es hier auch maßgeblich darauf an, bei welchem Sachbearbeiter das Anliegen im Postfach landet. Denn es scheint einen großen Ermessensspielraum bei der Beurteilung einer Freistellung auf Zeit zu geben. Eine reisende Familie aus Köln lieferte uns dafür das beste Beispiel: Während die Grundschule des jüngeren Sohnes die Freistellung bewilligt hatte, gelang es bei der weiterführenden Schule nicht, das ältere Kind von der Schule befreien zu lassen.

Und damit kommen wir zu Lösungsweg Nummer zwei: die Abmeldung des Wohnsitzes aus Deutschland. Mit dieser Herangehensweise geht man auf Nummer sicher. Denn wer nicht in Deutschland gemeldet ist, braucht dort selbstverständlich auch keine Schule zu besuchen. In der Vorbereitung unserer Reise sind uns Variante zwei in den verschiedensten Subspezies untergekommen: Ein oder gleich beide Elternteile melden ihren Wohnsitz und den ihrer Kinder aus Deutschland ab. Oder: Nur der Wohnsitz der Kinder wird abgemeldet. Ich habe mir das immer so ausgemalt: Man geht aufs Einwohnermeldeamt, legt die Pässe der Kinder auf die Theke und sagt:»Bitte, hier, diese Kinder wohnen künftig nicht mehr in Deutschland. Wir, ihre Eltern, aber schon.« Wo denn die Kleinen hinziehen, fragt vielleicht die Sachbearbeiterin. Zu den Großeltern nach Frankreich, murmelt man sich unsicher in den Bart. Okay, Stempel drauf, Kinder abgemeldet. Ich konnte mir bis zum Schluss nicht vorstellen, welcher Sachbearbeiter da nicht stutzig werden würde, aber die Methode scheint durchaus üblich zu sein. Wer den Wohnsitz aus Deutschland abmeldet, muss sich allerdings mit Auswirkungen auf sein Restleben abfinden: Kranken- und Sozialversicherung, Besteuerung, Kindergeld, ein ganzer Batzen an Unwägbarkeiten. Ist aber machbar. Der große Nachteil dieser Variante besteht darin, dass man ohne festen Wohnsitz keine Kfz-Versicherung abschließen, also nicht mit einem auf den eigenen Namen versicherten Fahrzeug auf Reisen gehen kann.

Zuletzt gibt es noch eine dritte Gruppe von Menschen, nämlich diejenigen, die beruflich reisen und ihre Kinder mitnehmen müssen auf die Reise. Für diese Spezies hat die für länderübergreifende Schulthemen verantwortliche Kultusministerkonferenz im Jahr 2003 erlassen, dass Kinder beruflich reisender Eltern einer Stammschule angehören müssen, die für sie einen Lehrplan aufsetzt. Unterwegs sieht der Beschluss Schulbesuche in sogenannten Stützpunktschulen vor. Die Kinder haben ein Reisetagebuch zu führen und ihren Lernfortschritt zu dokumentieren. Die Stammschule ist dann für die Lernstandskontrolle und individuelle Lehrpläne verantwortlich. Da es außerhalb Deutschlands keine Stützpunktschulen gibt, können die Kinder jedoch nirgendwo zur Schule gehen.

Wir haben diese Variante für unsere Reise in Anspruch genommen. Unser Blog »Auf nach Neuland« war (und ist) schließlich ein journalistisches Projekt und somit ein Onlinebusiness und der Grundstein unseres Erwerbs. Und die Regelung der Kultusministerkonferenz darf keine Berufsgruppe ausschließen – auch nicht die der »digitalen Nomaden«. Wer also unterwegs arbeiten kann und ein Geschäftsmodell vorweist, das davon lebt, unterwegs zu sein, ist für den Gesetzgeber ein beruflich Reisender und damit fein raus.

Als Stammschule geben immer mehr Menschen die amerikanische Privatschule Clonlara an, die einen individuellen Lehrplan für die Kinder erstellt. Die Schulakte landet in diesem Fall bei Clonlara und die Kinder sind damit raus aus dem »System Schule«. Dieser Weg gewährt die Kontinuität der Beschulung und hat das Kindeswohl im besten Sinne im Blick. Obwohl die Schulanwesenheitspflicht auch durch Clonlara nicht erfüllt wird, hat es in den letzten Jahren immer mehr Fälle gegeben, in denen Vereinbarungen zwischen Familien und Landesschulbehörden und/oder Jugendämtern zugestimmt wurde, nach denen die Kinder durch Clonlara beschult werden durften.

Wie gesagt, nichts hat uns vor der Abreise mehr in Atem gehalten als das Thema Schulpflicht. Und nichts war während der Reise so belanglos. Plötzlich ging es vielmehr um das lebenslange und große Abenteuer Lernen als um die Pflicht der Beschulung. Wie oft in diesem Jahr standen wir staunend vor unseren Kindern. Und dieses Staunen hält noch immer an. Allein aus diesem Grund ist eine Reise mit der Familie ein Hauptgewinn. Wir freuen uns jeden Tag darüber, dass wir unsere Kinder entdeckt haben. Die Freiheit des Lernens ist die Freiheit des Lebens. Ohne Lernen ist das Leben fad. Für Kinder, für Erwachsene. Darum gehen unsere Kinder heute wieder zur Schule, aber sie hat nicht mehr die Bedeutung, die sie vor der Reise eingenommen hat. Wir nehmen sie hin, zerreiben uns aber nicht an ihr, wir

ziehen das Gute aus ihr heraus und haben Leistungs-
druck und Notenstress den Kampf angesagt. Aloha, gutes Leben, wir halten dich fest und lassen dich nicht
mehr los!

Schritt sechs: Die Verwandtschaft mit ins Boot holen

Wie würden unsere Eltern reagieren, wenn wir ihnen
von unserem Vorhaben erzählten? Was würden sie dazu
sagen, dass sie ihre einzigen Enkelkinder ein ganzes Jahr
lang missen müssen? Unserer Verwandtschaft zuliebe
hatten wir unsere Reise immer weiter nach hinten ver-
schoben. Aber wir kamen nicht drum herum, irgendwann mussten wir uns diesen Fragen stellen. Merkwür-
digerweise liefen die Gespräche dann ausnehmend rund.
Die Großeltern stellten unser Wohl über das eigene und
gaben uns ihren Segen. Dafür versprachen wir, die Zeit
zwischen den Besuchen nicht so lange werden zu lassen.
Der Kompromiss hat uns dann sogar neuen Antrieb gegeben und die Gewissheit, auf dem richtigen Weg zu
sein. Und nach unserer Rückkehr hörten wir:»Ach, komisch, dass ihr schon wieder da seid. Wir waren uns sicher, ihr verlängert.«

Schritt sieben: Organisation und Co.

Bürokratische Hürden machen sich in der Vorbereitung
gerne wichtig. Plustern sich auf und versuchen, einen
mit einem Angstbann auf den ausgelatschten Pfaden zu
halten. Unterwegs braucht es jedoch nicht viel mehr als
eine Reisekranken- und eine Haftpflichtversicherung.
Wer den Wohnsitz in Deutschland behält, braucht auf
jeden Fall eine wirklich vertrauenswürdige Vertrauens-

person, bei der wichtige Post gut aufgehoben ist. Ohne unsere Nachbarn Feli und Olli, die regelmäßig unsere Post geöffnet, fotografiert und weitergeleitet haben, säßen wir wahrscheinlich dank unbezahlter Rechnungen und missachteter Mahnungen schon lange hinter Gittern. Auch ein guter Steuerberater, der einem den Rücken freihält, ist Gold wert. Ich würde ihn im Vorfeld heute Folgendes fragen, um seine Tauglichkeit für ein solches Spezialanliegen zu prüfen: »Sind Sie bereit, auch mal aus irgendeinem Kaff auf der Welt angerufen zu werden, und zwar von jemandem, der im Lauf der ungezählten Tage ohne Routine und fernab von jeglichem Gedanken an Geld oder gar Steuern mal wieder keine Ahnung hat, was das Wörtchen Fristen überhaupt bedeutet? Und der im schlimmsten Fall wegen extremer Distanz zum heimischen Alltag unter einem ausgeprägten Realitätsverlust leidet?« Bei unserer Steuerberaterin spürte ich bei Anrufen zwar leichte Irritationen ob meiner Weltfremdheit, aber immer auch eine Spur Neugier und einen Hauch Mitfiebern, sodass wir unsere Anliegen gemeinsam immer klären konnten.

Schritt acht: Die Wohnsituation klären

Unser Haus haben wir in unserer Abwesenheit vermietet. Wir haben auch oft gehört, dass Reisende ihr Haus im Vorfeld verkauft haben, um eine (dann meist mehrjährige oder Open-End-)Reise zu finanzieren. Wer zur Miete wohnt, kann das Haus und die Wohnung oft untervermieten. Wenn das gewünscht ist, besser früh mit dem Vermieter Kontakt aufnehmen und die Situation erklären.

Schritt neun: Vorfreude aufkommen lassen

Auch wenn's manchmal schwerfällt – dranbleiben am Plan. Kritik gibt's immer wieder. Von mehr Seiten, als man erst einmal annimmt. Doch wer entscheidet darüber, was gut und richtig ist? Umso mehr Spaß macht es, sich der Auszeit immer weiter anzunähern. Wo soll's hingehen? Was muss eigentlich mit? Was braucht man wirklich? Wir haben in Blogs gestöbert, Packlisten geschrieben, Reportagen über Skandinavien angeschaut, in Reiseführern geblättert und uns oft genug in die Ferne phantasiert. Mit der Aussicht, bald selbst auf Tour zu sein, hat gerade dieser Punkt unseren Puls etliche Male um ein paar Takte erhöht.

Schritt zehn: abfahren!

Nichts wie los und raus. Die Zeit der Vorfreude weicht endlich der Erfüllung lang gehegter Träume. Mal sehen, wie sie sich anfühlen, plötzlich so real!

ES LÄUFT. ABER WOHIN?

Sechstes Kapitel, in dem wir unser Haus übergeben, aber nicht wie geplant Richtung Norwegen aufbrechen

Limbach, 31. Juli 2017

Es gibt Leute, die planen ihr Leben wie ein Fernsehsender sein tägliches Programm. 19:00 Uhr bis 19:20 Uhr *heute*-Nachrichten, 19:20 Uhr bis 19:25 Uhr das Wetter und so weiter und so fort. Analog heißt das dann, von siebzehn bis zwanzig studiere ich Jura in Köln und Amsterdam, mache meinen Master mit der Bestnote 0,7, unmittelbar danach schließe ich das Referendariat bei Anwalt XY an, mache mich im Jahr darauf mit einer eigenen Kanzlei selbstständig, Spezialisierung Arbeits- und Familienrecht, doppelt hält besser. Geschieden wird immer und gekündigt auch. Und wenn ich dreißig bin, kriege ich Kinder mit meinem Partner, den ich zwei Jahre zuvor auf einer Dating-Plattform kennengelernt und ausgiebig auf seine charakterlichen und sonstigen physisch-existenziellen, virilen, intellektuellen, ideologischen Fähigkeiten getestet und für gut bis sehr gut befunden habe. Das Verrückte daran: Bei manchen Menschen funktioniert das! Und zwar genauso minutiös, wie sie es in ihrem Timer stehen hatten. Das Gedankengebäude überträgt sich 1:1 in die gelebte Realität und heraus kommt eine Familie, zwei Kinder, Junge und Mädchen, hübsch, einigermaßen artig, der Kombi parkt abends in der Garageneinfahrt, das Geld fließt regelmäßig aufs Konto und genauso regelmäßig wieder herunter, man tut mehr oder weniger Sinnvolles, ist aber damit gesegnet, sich kaum Gedanken darüber machen zu müssen. Und alle sind glücklich. Das gibt's wirklich und irgendwer macht daraus einen »Herzkino«-Film.

Der 31. Juli 2017 war rot in unserem Kalender markiert. Fett eingekreist, dick unterstrichen, mit Neonstiften gleich doppelt gekennzeichnet. Der 31. Juli 2017 war als Tag der Abreise, als Moment unseres Aufbruchs und als Wendepunkt unser gemeinsamer Sehnsuchtstermin. Mit all unseren Sinnen herbeigewünscht, so oft im Kopf hin und her gewälzt und unendlich lange in weiter Ferne geblieben. Wie würde es sich anfühlen, den Motor des alten Schlachtschiffs zu starten, durch den dicken Dieselqualm hindurch unseren Nachbarn und Freunden zuzuwinken, noch mal kurz zurückzublicken und dann durchzustarten? Ab auf die Straße, unter uns der vom Sommerregen erdig duftende Asphalt. Im Rückspiegel: Köln, Jobs, die Welt im Chaos hoch zehn – was interessiert's uns, wir reißen kurz mal aus. Vor uns die unendliche Freiheit von 365 Tagen und Nächten »Trudeln durch die Welt«. Immer Richtung Norden, nichts als bunt skizzierte Freiheit.

Die Route stand schon lange fest. Wir würden in den Norden aufbrechen: Skandinavien, Norwegen, Schweden, Finnland. Fjorde, Fjells und Wälder und Seen, die weder Anfang noch Ende kennen. Ganz gleich wie viele Tiefs die Wetter-App auch ausspucken würde, wir würden diesem Stern folgen. Wir würden uns durch Norwegen treiben lassen, in die tiefen Wälder Schwedens eintauchen, mit unserem aufblasbaren Kanu über ein, zwei, drei eiszeitliche Gletscherseen im hohen Finnland rudern. Und wenn wir genug hätten von Lappland und der unendlichen Weite, wenn wir der unzähligen Elche und Rentiere überdrüssig wären, wenn wir dem Polarfuchs Guten Tag gesagt und dem Schwarzbär die Tatze gekrault hätten, erst dann würden wir weiterziehen. Aber das würde sicher ein paar Monate dauern. Ab August 2017 wären wir in der Wildnis zu Hause, so der Plan! Dann würden wir durchs Baltikum reisen, durch Polen trudeln, die letzten Urwälder Europas durchkämmen. Wir würden durch die slowakische Tatra wandern, uns auf einem Spaziergang durch Budapest mit einem waschechten Magyaren treffen, den Balkan runterrocken und den Winter im Süden Europas verbringen, nur weit weg vom Graupelgrau unserer Heimatstadt. Und irgendwann dann, wenn wir den Osten ausreichend kennengelernt hätten, wenn die Sonne uns im Süden zur Genüge umschmeichelt hätte, würden wir uns langsam auf den Weg machen, diesmal Richtung Nordwesten, und nach einer kreisrunden Umrundung Europas erholt und voller Esprit wieder zurück in unsere Heimat kehren. So weit der Plan.

Der großartige, vor unserem inneren Auge ausgebreitete Trip hatte jedoch einen Haken: unseren Programmchef namens Niesmann Bischoff Clou 670, der sich als unberechenbare Diva herausstellte. Vielleicht fühlte sich »Herr Niesmann« übergangen. War schlecht drauf, weil wir ihn nicht eingeweiht hatten in unseren Plan. Uns nicht ausgiebig mit ihm beschäftigt hatten.

Denn plötzlich war er tatsächlich da: Ohne Vorwarnung breitete sich unser Sehnsuchtstermin 31. Juli 2017 vor uns aus und lag in der Sonne, als wäre er ein stinknormaler Montag. Wir wachten auf den Matratzen in unserem beinahe klinisch-steril anmutenden, leeren Haus auf und stiegen ein letztes Mal die Stufen zu einem Frühstück mit Blick in den Garten hinunter. Doch statt den Nachbarn im Lauf des Tages ein letztes Mal aus unserem Oldtimer-Wohnmobil heraus einen Abschiedsgruß zuzuhauchen und Richtung verspätete Mitternachtssonne loszustürmen, reichte meine Kraft am Ende dieses Tages noch nicht einmal mehr, um mit Charlie einen kurzen Spaziergang an der Nister entlang zu machen. Es war Abend. Und wir waren im Westerwald gelandet. Und ich fühlte mich, als müsste ich dieses Jahr Freiheit auf allen vieren kriechend beginnen. Für den aufrechten Gang fehlte mir die Kraft.

Dass wir uns gerade mal rund achtzig Kilometer von unserem Zuhause entfernt für unbestimmte Zeit in einem altersschwachen Fachwerkhaus einnisten sollten, statt unter unserm Blechdach dem skandinavischen Regen zu lauschen, das hatte eine Geschichte. Und die begann mit jenem Niesmann Bischoff Clou 670.

Bereits im Februar desselben Jahres hatten wir den tollkühnen Plan »Wir kaufen ein Wohnmobil«. Als wir nach wochenlangem Nachdenken und ausgiebigen Recherchen an einem nasskalten Tag in den Niederlanden mit dem kahlköpfigen vierschrötigen Besitzer des Niesmann Bischoff Clou 670, Baujahr 1986, per Handschlag den Vertrag zum Kauf des Wohnmobils schlossen, waren wir der felsenfesten Überzeugung, einen Riesendeal gemacht zu haben. Denn in den geräumigen sieben Metern Wohnmobil, ausgestattet mit zwei Stockbetten, einem Bett im Alkoven, einer Küchenzeile mit einem dreiflammigen Herd, einem Esstisch, an dem wir alle essen, spielen, malen, arbeiten würden, in diesem puren Luxus also würden wir komfortabel und dazu noch bezahlbar durch Europa kutschieren. Noch ähnelte das Wohnmobil innen zwar der Zelle eines russischen Jugendknasts, aber wir hatten die innere Größe, uns dieses vergammelte Schrottteil aus dreißig Jahre alten schimmeligen Teppichecken und ekelbraunen Möbeln in unsere fahrbare Luxusvilla zu phantasieren. »Hauptsache, er fährt«, dachten wir. »Bringt der Niesmann uns durch Europa? Wir wollen ein Jahr darin wohnen und umherziehen«, fragten wir den Verkäufer. »Na klar«, kam es im sympathisch niederländisch gefärbten Deutsch zurück, »der fährt euch überall hin.« – »Prima, gekauft.«

Was hatten wir in der eineinhalb Jahre dauernden Vorbereitungsphase dieser Reise über die Wahl des richtigen Fahrzeugs gebrütet. Camper, Wohnwagen, Wohnmobil, ausgebauter Schulbus, ein selbst ausgebauter Feuerwehrwagen, THW-Überbleibsel. Wir hatten alles durchdacht. Camper: zu klein. Komplette Selbstausbauten: keine Zeit. Wohnwagen: nicht wendig genug. Ausklappzelte: gut für einen Urlaub, aber nicht für ein Jahr Reisen. Wir waren uns absolut sicher: Mit keinem Fahrzeug, das wir schon in unserem Fuhrpark hatten, weder einem Ford Nugget aus dem Jahr 2012 noch dem altersschwachen VW T3, Baujahr 1989, könnten wir unsere Reisepläne umsetzen. Drei Kinder zwischen fünf und zwölf Jahren, zwei Erwachsene, von denen sich der eine um die Schulaufgaben der Kinder und der andere ums Schreiben und Geldverdienen kümmern sollte, plus neunundzwanzig Kilo Hund, das konnte einfach nicht funktionieren. Kein Platz, zu klein, zu wenig Privatsphäre, unmöglich! Die Bullis wurden also an Freunde verliehen. Sollten die Freude daran haben und ihre Ferien darin verbringen. Der Niesmann wurde also für 7500 Euro gekauft und nach Köln gefahren. Während wir noch der Überzeugung waren, einem Plan zu folgen, war das dem Niesmann fürchterlich egal. Und ja, dem deutschen TÜV war unser guter Plan ebenfalls komplett entgangen. Denn bei Fahrzeugen, die aus dem europäischen Ausland importiert werden, schaut er gerne besonders genau hin. Egal ob aus Nepal oder aus den Niederlanden, wer ein Fahrzeug aus dem Ausland nach Deutschland importiert, sollte sich eigentlich vorher damit auseinandersetzen: Das Fahrzeug wird auf Herz und Nieren geprüft, von den Funktionen einer lebenswichtigen Bremse bis zur allerletzten Schraube wird alles auf links gedreht. Konkret bedeutete das für uns: eine Mängelliste, die zwei DIN-A4-Blätter füllte und uns ein paar Wochen nach dem Kauf schwarz auf weiß quittierte, dass der erste laienhafte Eindruck eines Wohnmobils durchaus trügerisch sein kann. Nicht nur die Inneneinrichtung des Wohnmobils war Schrott. Der ganze Niesmann war ein Wrack.

Nach einer deprimierend langen Werkstattsuche hatten wir endlich jemanden gefunden, der sich zutraute, dieses Auslaufmodell eines Wohnmobils durch den TÜV zu bringen. Mitte Juli – gerade mal zwei Wochen vor unserer geplanten Abreise und ohne einen Handschlag am Knastambiente des Innenraums gearbeitet zu haben – war es dann so weit: Andi sollte unseren Niesmann mit TÜV-Siegel nach Hause bringen und wir wollten mit drei Monaten Verzögerung endlich den Innenausbau stemmen. Etwa fünf Monate nach dem Kauf des Wohnmobils und weitere 3500 Euro später fanden wir uns dann am 13. Juli 2017 mitten im Feierabendverkehr auf der Äußeren Kanalstraße wieder, ein paar Meter von unserem

Zuhause entfernt – mit Warnwesten und einem qualmenden Motor auf der Linksabbiegespur Richtung Ossendorfer Weg.

Es war ein heißer Julitag, die Stadt flimmerte, die Scheiben der vorbeifahrenden Autos waren heruntergedreht und die Radiomusik lullte die auf uns starrende Feierabendkarawane ein. Wir schauten dem Treiben seltsamerweise immer noch gelassen zu. Lauschten dem Takt unseres Warnblinkers, amüsierten uns irgendwie über uns selbst, winkten all denen, die wir kannten (Köln ist ein Dorf) und prusteten mit einem Kölsch in der Hand los, als uns jemand ansprach, ob wir uns auf dem Bürgersteig sitzend ein paar Euro für die Reise dazuverdienen würden. (Wie das gehen sollte, haben wir nicht rausgefunden, weil der Abschleppwagen kam und das Gespräch unterbrach. Dieses Geschäftsmodell hätte mich doch interessiert.)

Die Diagnose unserer Werkstatt, zu der wir unser Wohnmobil vertrauensvoll wieder hatten zurückschleppen lassen, setzte der übermütigen Sommerfeierabendstimmung jedoch ein jähes Ende: Die Kurbelwelle sei gebrochen, hieß es, ich hörte daraus nur »Motorschaden« und »ein neuer Motor müsse her«. Niemand wusste allerdings, wo ein passender Motor für ein Iveco-Fahrzeug aus den Achtzigern herzubekommen sei. Das Clou-Freunde-Forum, in dem sich Niesmann-Fans zu Fachsimpeleien und Ferienplanungen zusammengefunden hatten, war überfragt. Und da uns nicht das erste Mal in den letzten Monaten schwante, dass man ohne Schrauberkenntnisse mit einem privat gekauften Schrottmobil ziemlich aufgeschmissen war, mussten wir uns ganz in die ölverschmierten Hände unserer Werkstattcrew begeben. Ergebnis: Zu den Kosten von bislang 3500 Euro sollte nun noch einmal in etwa derselbe Betrag für einen generalüberholten Rumpfmotor kommen. Am Tag unserer Abreise aus Köln war der allerdings noch nicht einmal gefunden, geschweige denn eingebaut. Das also war der Grund, warum wir schließlich im Westerwald gelandet waren. Hirsche statt Rentiere und Elche, Mischwälder statt Meerblick, Westerwald statt weite Welt. Ostwärts von Köln, ein paar Autobahnausfahrten und eine lausige Landstraße gesichtsloser Dörfer nach unserer Abreise, saßen wir nun in einem winzigen Ort namens Limbach vor dem alten Bauernhof, in dem meine Großmutter geboren wurde. Und während die Kinder fröhlich zwischen den Kisten wühlten, sich die Räder schnappten und das Dorf überfielen, fühlten Andi und ich uns wie Aliens. Von welchem Stern kamen wir noch gleich? Und wo waren wir gestrandet?

Noch ahnten wir nicht, dass auch diese erste Etappe unserer Reise ihren Sinn machen würde. Wir hatten Tucholsky immer nur halb gelesen. »Trudle durch die Welt. Sie ist so schön …« Der Rest des Zitats war in der Eile untergegangen.

AUFBRUCH!

Siebtes Kapitel, in dem unser Traum deutliche Risse bekommt

Limbach, 1. August 2017

Wir wachten in einem Unrat an Kisten und Pappkartons um uns herum auf. Darin, fahrig hineingeworfen, alles, was entweder keinen Platz im Haus gefunden hatte oder mit auf Reisen sollte. »Greifen Sie zu, hier finden Sie das, was nach eineinhalbjähriger Reisevorbereitung und mehreren Wochen Räumwahnsinn von uns übrig geblieben ist. Alles super günstig, dafür aber auch mit kleineren Macken und größeren Kanten. Nehmen Sie mit, was Sie wollen, uns ist eh alles egal!« Wir fühlten uns genauso derangiert wie all die Pappkartons, die um uns herum standen. Unser Kölner Leben stierte uns unbarmherzig an. Ich ließ mich zwischen Bücherkisten und Klamottenbergen nieder und war noch immer so müde und bitter enttäuscht von diesem alles andere als glorreichen Auszug aus Köln, dass ich es nicht einmal schaffte, meinen Kopf zwischen die Knie sinken zu lassen. Ich fragte mich allen Ernstes (und das nicht zum ersten Mal), ob sich dieser Kraftakt der Vorbereitung und des Aufbruchs in ein Jahr, von dem wir nicht im Geringsten wussten, was uns erwartete, überhaupt lohnte. Unser ganzes Vorhaben erschien mir überheblich. Welch eine Hybris, sich über die scheints Gott gewollte, zumindest aber gern gesehene und von fast allen achtzig Millionen Deutschen oft lautstark kritisierte, aber schlussendlich unantastbare Grundordnung zu erheben und aus dem Karussell des Alltags ausbrechen zu wollen. Wie konnten wir nur glauben, dass das alles funktionieren sollte. Zwischen den Kisten drängten sich die Fragen wieder auf, die wir selbst so oft gedacht und die uns in schöner Regelmäßigkeit von Freunden und Bekannten entgegengebracht worden waren. Würden wir überhaupt jemals wieder einen Job finden? Hatten wir unseren Kindern nicht vielleicht zu viel versprochen? Konnten wir es überhaupt verantworten, sie ein Jahr aus der Schule zu nehmen? Und überhaupt, was heißt das eigentlich: Dieses Jahr nimmt euch keiner mehr?

Die vergangenen Wochen voller Ausräumen, Entsorgen und Abschied nehmen machten sich in meinem Kopf breit und liefen mir irgendwann an diesem trostlosen Tag ungehemmt meine müden Wangen hinunter, klebten an meinem T-Shirt fest und tropften ungehindert auf meine nackten Füße.

In den vergangenen Wochen hatten wir uns selbst zu Maschinen degradiert, die ihre Gedanken und Gefühle abstellten und stattdessen To-do-Listen abarbeiteten. Regale ausräumen, Schränke leeren, kistenweise aussortieren. »Wir haben es so gewollt, jetzt ziehen wir es auch durch.« Unser Haus, vollgestopft vom Keller bis zum Speicher, musste leer geräumt werden. Alles, was wir über die Jahre gesammelt und bewahrt hatten, sollte einem rigorosen Plan weichen: weg damit! Denn an diesem lang ersehnten 1. August 2017 bezogen sechs junge Leute unser Haus, um dort das zu tun, was wir anderswo suchten. Ali, Jana und Louisa und die anderen wollten in diesem Jahr aus unserem Reihenhaus eine Stätte der Gegenwartskunst und der Kultur machen. Was genau zwischen den Wänden unserer bisherigen Welt passieren sollte, das wussten die Sechs auch noch nicht so genau: alte Musik, Improvisationstheater, Zeichenworkshops, Trommelkurse – sie ahnten genauso wenig wie wir, was dieses Jahr bringen würde. Unser Haus war ihr Abenteuer.

Nun muss man vielleicht erklärend hinzufügen, dass Andi und ich von einer Nachkriegsgeneration erzogen wurden. All das Hamstern und Entbehren in der Jugend unserer Elterngeneration hatte sich heimlich, still und leise mit uns in unserem Haus breitgemacht. Wir sammelten und bewahrten, stopften voll und fanden immer neue Ecken, um etwas unterzubringen. Unsere Kinder waren dann in diese Welt des Überflusses geboren. Die Auswahl an Dingen, die kein Mensch braucht und man kauft oder geschenkt bekommt, was das Zeug hält, schien ins Unermessliche zu wachsen. Das fing mit dem ersten Schrei des Kindes an und hörte und hörte und hörte einfach nicht mehr auf. Ein nicht enden wollender Zuzug an kleineren Geschenken und größeren Mitbringsel, an Sonderangeboten und Rabattaktionen, Treuepunkten und Kostenlos-Bildchen, eBay-Ersteigerungen und Amazon-Käufen flutete unsere Etagen! Und nun ging es also ans Großreinemachen. Das Plastikauto von Paul, als er zwei war, das Rewe-Stickeralbum von anno dazumal (das ich damals schon nicht im Haus haben wollte), die hundertste Haarspange von

Fannie oder Liv, jeder kaputte Bilderrahmen, der Fernseher aus den Fünfzigern, wir hatten einfach alles aufbewahrt. Und als Gegenleistung starrte uns das ganze Zeug nun mit der einhelligen Botschaft an: Ihr macht etwas falsch. Der stetig wachsende Stapel der *Zeit*-Ausgaben, der uns so penetrant vor Augen führte, welche Loser wir doch waren. Die Keramikstatue, die schon mit Macken vor zwanzig Jahren aus Tansania bei uns angekommen war und sich stillvergnügt darüber amüsierte, wenn wir in unregelmäßigen Abständen darüber stritten, wer sie reparieren würde. Das wunderschöne hölzerne Modellbauschiff, mit dem Andi als Kind in hohe See gestochen war und das für die Vertiefung der Vater-Sohn-Beziehung instandgesetzt werden sollte. Und ja, auch die doppelt belegten Regalwände voller Bücher, für die uns die Zeit fehlte, sie zu lesen, gehörte in den Sektor Überfluss. Unsere Generation hat einfach von allem zu viel. Von allem außer Zeit.

Es hatte ganze zehn Tage gedauert, unser Haus leer zu räumen. Zehn Tage mal zwölf Stunden, 7200 Minuten, und mit jedem Sack und jeder Kiste, die im Sperrmüll landete, verstanden wir mehr, warum wir raus wollten. Wir waren satt an Dingen und hungrig nach Leben. Wir waren besessen von der Idee, dass wir die Zeit noch einmal dahinschleichen lassen könnten; wie damals, als wir klein waren und uns langweilten, weil niemand auf der Straße war zum Versteckenspielen. Als wir später mit unseren Eltern vor dem Fernseher saßen und *Dalli Dalli* schauten. Oder als wir ein paar Jahre darauf tagelang und Semester für Semester auf den Wiesen rund um die Uni herumfläzend übers Leben oder das Mensaessen philosophierten. Damals, als es noch keine Studiengebühren gab und wir die unvorstellbare Freiheit hatten, nicht wissen zu müssen, was wir aus unserem Leben machen wollten.

Seitdem Andi und ich der irrigen Annahme erlegen waren, wir könnten Fulltime-Jobs zu unserer und unserer Kunden Zufriedenheit ausführen und gleichzeitig unsere Kinder erziehen und selbst auch noch irgendwo ein Stück Mensch bleiben, hatten wir die Fähigkeit verloren, mit der Zeit hauszuhalten. Sie zu genießen. Sie an uns kleben zu lassen. Stattdessen hatte uns ein Zeitmagnet regelrecht ausgesaugt und wir mussten einsehen: Mit Work-Life-Management war unserem durch die Finger flutschenden Leben jedenfalls nicht mehr beizukommen.

Nun hatten wir also geräumt und geschleppt und noch kurz den Kisten voller Kuscheltiere nachgetrauert, die uns mit ihren großen dunklen Plastikaugen anflehten und schließlich doch den letzten Weg zur Müllkippe antraten. Niemand aus unserem Umfeld wollte irgendetwas von unseren Sachen annehmen. Kuscheltiere, Kinderkleidung, Spielzeuge, »bleibt mir weg, wir haben selber mehr als genug«. Wie wahr. Es ging buchstäblich allen so. Viel haben, wenig sein. Vielleicht war es doch ganz gut, dass wir es zumindest mal bis in den Westerwald geschafft hatten.

Wir beschlossen am Abend dieses ersten Tages, die Zeit im Westerwald als erste, aber kurze Etappe unserer Reise zu akzeptieren. Ging ja nicht anders.

WARTEN AUFS WOMO!

Achtes Kapitel, das für die einen das Paradies, für die anderen ihr Waterloo bereithält

Limbach, Anfang bis Ende September 2017

Da der Westerwald ebenso unverbrüchlich zu Europa gehört wie Schwedisch Lappland oder die slowakischen Karpaten und wir der Umstände halber gestrandet waren, machten wir uns die Welt achtzig Kilometer vor unserer Haustür eben kurzerhand, wie sie uns gefällt. Wobei dieses Kunststück an Selbstüberlistung der einen Spezies Myriaden Mal besser gelang als der anderen. Die »Erlebnisse Limbach« aus den Augen der Spezies eins klangen in etwa so: »Oh, du schönes Bullerbü«. Nichts los zwischen den rot getünchten Holzzäunen von Mittelhof, Nordhof und Südhof. So herrlich phantastisch wahnsinnig einfach gar nichts los. Abenteuer, wir kommen. Bullerbü – jahrelang lesen Generationen von Eltern die Geschichten von Lasse, Bosse, Kerstin und Co. vor, und wenn sie sich dann beim Abholen auf dem Schulhof umhören, dringen ihnen in etwa diese Konversationsbrocken an die Ohren: »Ey, Alter, hast du auch die neue

Skin in Fortnite?« Oder:»Mit den No-Name-Tretern kannst du doch nicht rumlaufen.« Scheint einem dann mächtig weit weg von hier und jetzt, dieses legendäre Bullerbü. Nun ja, Limbach also. Lag für unsere Kinder gefühlt um die Ecke von Bullerbü. Wir wollten ja ohnehin, dass die Kinder mal aus ihrer Tretmühlenanstalt rausgucken. Warum sich also nicht dieses Paradies namens Bullerbü in den Westerwald zaubern? In unmittelbarer Nachbarschaft, hinter der nächsten Zaunlatte oder ein paar Millionen Lichtjahre entfernt, ganz gleich, dieser August würde für unsere Kinder, eingewoben in Sonne, Hängemattennachmittage und endlos dahinschleichende Tage voller Nichtstun, zu ihrem privaten Bullerbü werden.

In dem kleinen, altersschwachen Bauernhaus, in dem meine Großmutter geboren worden war und das wir vor Jahren gemeinsam mit Freunden gekauft hatten, erschufen sich die Kinder einen Sommer voller Abenteuer. Etwa hundert Meter bis zum Wald und ein paar Schritte weiter bis zur kleinen Nister, dazu Erwachsene in homöopathischen Dosierungen, das versprach Freiheit de luxe. Die Tage und Wochen in Limbach breiteten sich in einer geradezu unwirklichen Unendlichkeit vor ihnen aus.»Was machen wir heute?«, fragten die Kinder? Fußballspielen, einen Hasenkäfig bauen, in der Hängematte schaukeln oder doch lieber die Nachbarn im Neubaugebiet mit Klingelmäuschen wachrütteln? Mit Schaufeln auf zur neu zu bauenden Fahrradstrecke? Paul, Fannie und Liv entschieden sich dafür, Hütten im Wald zu bauen. Die Kleinsten wurden zum Heuklauen abgestellt, denn die Dächer sollten den Regengüssen standhalten, die sich regelmäßig über ihnen ausschütteten. Tütenweise schleppten die Jüngsten der interkulturellen Hüttenbaumannschaft aus Dorf- und Stadtkindern

Heu in den Wald, duckten sich vorm Bauern weg, der den Diebstahl natürlich längst erblickt und gütlich übersehen hatte, und versorgten die Baumeister mit der Dachpappe des Waldes. Fest steht: Den teuren Outdoor-Survivalkurs konnten wir uns sparen, denn Pauls Freund Lasse als Oberprepper vom Bodensee war mit großem Besteck angereist und unterstützte die örtliche Crew in der Disziplin »Wildsein«. Äste sägen, Dächer decken und dabei in der Hängematte mitten im Wald schaukeln und sich ausmalen, wie es wäre, eine Nacht im neuen Eigenheim unter Fichten zu verbringen. Oder gleich eine Woche oder ein Jahr, falls es sich ergäbe. Schlussendlich lagen spätabends doch alle wieder in ihren Betten, denn wenn es plötzlich so dunkel wird, wie es nur im dichten Fichtenwald dunkel wird, zieht es selbst den hartgesottenen Überlebenskünstler heim. Lieber den Kopf auf dem Kopfkissen spüren als mit der Wildschweinschnauze im Gesicht kuscheln. Alle Kinder schliefen in diesen Nächten traumlos in ihren Betten oder sie flogen auf dichten Heuteppichen durch die Lüfte. Bullerbü lebte.

Allein die Kirchturmglocke, die pünktlich um zwölf den Mittag einläutete und um achtzehn Uhr an den Abend erinnerte, dürfte die Kinder in diesen Hochsommerwochen ab und an ans Zeitliche erinnert haben. Sie taten jedoch das, was wir Erwachsene vielleicht auch öfter mal tun sollten, sie kümmerten sich einen Kehricht um die Glocke und um die Zeit und den ganzen Kram. Zum verabredeten Zeitpunkt erschien jedenfalls selten jemand – denn mit Rädern, Skateboards oder in Arbeitshosen und mit Werkzeug im Wald verschwunden, hieß es Tag für Tag aufs Neue: »Ach, die Glocke, die haben wir nicht gehört.« Paul, Fannie und Liv lebten. Im Jetzt.

Im Hier. Im Spiel. Dieser Sommer umwehte sie mit allem, was sie zu glücklichen Menschen machte: Schmetterlinge auf der Hand, Quadfahren mit meinem Cousin Gerhard, Kartoffeln ernten mit ihren neuen Freunden in Limbach, Besuch kriegen, nicht zur Schule gehen, während die anderen ja schon längst wieder in den Klassenräumen paukten. Der Sommer hielt wirklich alles bereit, um glücklich und frei zu sein. Wenn nur wir Erwachsenen nicht so fürchterlich hartnäckig schlecht drauf gewesen wären.

Denn für Andi und mich sah das alles anders aus. Für uns bedeutete Limbach in erster Linie Scheitern. Andi und ich verbarrikadierten uns hinter unserer Mauer aus Frust. Denn durch unsere Brille entbehrte Limbach diesen Bilderbuchcharme in den ersten Wochen unserer Reise gänzlich. Wir waren gefangen! In der Kroppacher Schweiz. In einem 415-Seelen-Dorf. In diesem Haus, das uns nicht ganz gehörte und uns ständig daran erinnerte, dass wir keine Gemeinschaftseigentumstypen sind. Vom Ortseingang zum Ortsausgang des kleinen Örtchens schafften es auch die Alten im Schlurfschritt mit ihren Rollatoren mühelos in fünf Minuten. In den Straßen des Dorfes ein unprätentiöser Mix aus Geschichte und neuem Leben. Ein paar wenige Fachwerkhäuser, nicht übermäßig herausgeputzt, aber instand gehalten und teils liebevoll umhegt und restauriert. Das waren dann aber auch die Perlen. Der Rest war ein Überbleibsel der Nachkriegszeit: rau verputzte Einfamilienhäuser, xyladecorbraune Balkongeländer, ein gesichtsloses Neubaugebiet, ein geschlossener Lebensmittelladen, eine ebenfalls geschlossene Lieblingskneipe, ein Schachbrett, deren Figuren tagein, tagaus vom Kultur- und Verkehrsverein aufgestellt und wieder zusammengeräumt wurden, um dann oft nur von den Kindern durcheinandergeschmissen zu werden. Ach ja, und ein Sternerestaurant, in das wir uns in unserem Zustand nicht an den Tisch zu setzen trauten. Das ungefähr nahmen wir von Limbach in diesen Tagen wahr. Während die Kinder also den Schalter von Alltag auf Abenteuer ohne auch nur eine einzige Zwischenstufe umschalteten, erlebten Andi und ich das erste Waterloo unserer Auszeit. Denn in dieser Umgebung, gepaart mit unserer elenden Verfassung, krachten wir endgültig zusammen. Kann mir einmal jemand verraten, warum mir die ganze elende Suche nach dem Sinn des Lebens durch den Kopf schießen muss, wenn ich endlich einmal Zeit habe, auf der Couch zu liegen? Warum flog mir mein ganzes läppisches Ich vor die Füße, nur weil die Umstände sich nicht an unseren fein ausgearbeiteten Plan hielten? Kann mir einmal jemand erklären, warum sich über mir die maximale Existenzkrise zusammenbraute, wo ich doch eigentlich einen Haken hinter den jahrelangen Dauerstress hätte machen können? Warum musste mir diese bitterböse Innenschau gerade jetzt passieren?

Irgendwie war es ja abzusehen, dass die Vollbremsung, die wir eingeleitet hatten, nicht ohne Blessuren bleiben würde. Arbeiten bis zum Abwinken, Haus leer räumen, das alte Leben abwickeln – und plötzlich: Stillstand in einem Ort, an dem wir nicht sein wollten. Für Bullerbü muss man bereit sein. Die erste Erkenntnis unserer Reise tat also so richtig weh: Das Leben lässt sich nicht so einfach abwickeln. Und planen schon gar nicht. Und eine weitere Erkenntnis schnitt tief in mein Fleisch hinein: Ich würde es auch auf Reisen weiter mit mir selber aushalten müssen. Wozu ich auf dieser Reise ja noch reichlich Zeit haben würde, was mir in diesen Tagen im beschaulichen Limbach aber mehr als Qual denn als Chance erschien. Ganz genau betrachtet steckten wir fest. Knietief in unserem Schlamassel, das wir uns selber eingebrockt hatten. Wir hatten einen Plan, der partout nicht mit uns kooperieren wollte. Der gerade zwischen unzähligen Nachrichten, die wir Tag für Tag hoffnungsvoll an die Werkstatt schrieben, und den immer gleichlautenden weniger hoffnungsvoll klingenden Antworten, die wir zurückbekamen, versank. Unserem Kenntnisstand nach war ein nach aufwendiger Recherche irgendwo in Süditalien aufgetauchter generalüberholter Rumpfmotor auf dem Weg nach Deutschland. Wann dieser überlebenswichtige Block aus Metall allerdings in Köln eintreffen sollte, das wagte zu diesem Zeitpunkt leider niemand zu prognostizieren. Der Einbau, so hieß es bei jedem unserer Anrufe – wenn denn überhaupt noch jemand ans Telefon ging –, werde dann sicher schnell gehen. Schnell, das klang gut. Wir klammerten uns an alles Positive, das zu uns durchdrang. Und während wird tagaus, tagein abwechselnd den Mechaniker, den Chef vom Mechaniker und den Chef vom Chef vom Mechaniker löcherten, lag unser Dauerpatient ölverschmiert und bar seines Herzstücks in irgendeiner Halle herum.

Von Tag zu Tag und Minute zu Minute konnten wir uns dabei zusehen, wie wir in einer Art Schockstarre versanken. Ich zumindest ging mir gelinde gesagt ganz gehörig auf die Nerven. Tat mir selber leid. Unendlich leid. Tat aber selbstverständlich so, als wären die anderen die Nervbacken. Während diesen allerersten vier Wochen unserer Auszeit dröhnte mein Schädel trotz einer Lindgren'schen Mischung aus ländlichem Idyll und Sommerwiesen und ich boxte mich ein ums andere Mal k.o. Ich konnte mich selbst nicht mehr leiden und gewann täglich neue Erkenntnisse über mich, die mir gar nicht gefielen. Egozentrisch, ungeduldig, phantasie- und planlos, unkreativ und nichts, aber auch wirklich gar nichts auf die Kette kriegend, im Leben nicht und jetzt in unserer Auszeit schon gar nicht. Ruhe- und rastlos, blind für die Umgebung und die Menschen um mich herum, unerträglich für alle, bemerkte Liv irgendwann missmutig:»Mama, warum bist du immer so schlecht gelaunt?« Und Paul antwortete:»Siehst du, Mama, jetzt merkt's schon die Kleinste.«

Während das Vehikel also auf sich warten ließ, erlebten wir Erwachsenen persönliche Sinnkrisen und rieben uns zusätzlich noch an einem für uns bis dato unbekannten Thema auf. Da wir noch Reste unserer Jobs abzuschließen hatten, waren wir auf das angewiesen, was in unserer städtischen Wahrnehmung allerorten eine Selbstverständlichkeit war: das Internet. Aber hier? Es gab kein Netz für uns! Kein WLAN, kein passables Funknetz, aus dem der für die Reise angeschaffte Router einen Zugang zur digitalen Welt hätte herstellen können.»Da hast du sie endlich, deine Ruhe«, röhrte es in meinen Nerven. Aber bitte doch nicht so. Unvermittelt. Radikal. Abgeschnitten. Ausgesetzt. Das hätte ich von irgendeinem Kaff am Schwarzen Meer erwartet, aber doch nicht hier, mitten in unserer Hightech-Oase Deutschland. Wie man sich doch täuschen kann. Die Übertragungsrate im Hause Heider lag mit null Bit pro Minute im nicht akzeptablen Bereich und brachte mich endgültig an mein persönliches Limit. Zumal ich neben den Aufträgen auch noch alles auf eine großartige Bloggerkarriere angelegt hatte. Das Blog»Auf nach Neuland« war in monatelanger mühevoller Arbeit aufgebaut und mit Inhalten angefüttert worden. Nun wollte ich nach dem ganzen Techiekram endlich durchstarten mit meinen Reportagen aus der Wildnis. Allein: Das einzig Wilde um uns herum war vielleicht das fehlende Netz. Und das wäre dann wohl eher eine Kolumne für die Wirtschaftsrubrik gewesen. Und zu diesem Zeitpunkt definitiv kein Thema für mich. Mein Blog jedenfalls wollte ich nicht mit diesen Depri-Geschichten füttern. Was sollte meine Handvoll Follower denn denken, wenn unsere Auszeit so gnadenlos in die Hose ging? Dabei hatte ich mir selbst doch gnadenlose Ehrlichkeit auf meinem Blog versprochen. Kein Weichgespüle, sondern authentische Geschichten einer Familie im Auszeitmodus.

Die ganze Warterei zog mir den Elan aus den Adern, ich hatte keine Lust, fröhliche Kindergesichter zu posten. Oder überhaupt eine Zeile zu schreiben. Unser Leben bestand aus Warten. Aber dieses Delirium wollte ich niemandem zumuten. Einen ganzen Vormittag hatte ich in der benachbarten Stadt Hachenburg allein damit zugebracht, eine SIM-Karte freizuschalten, von der ich mir ein besseres Netz erhoffte. Im Café war der Empfang zu schlecht für den Registrierungsprozess, draußen schien die Sonne zu grell, noch dazu überall entspannte Mittsechziger um mich herum, die ihr Leben augenscheinlich zu genießen wussten. Widerlich. Währenddessen las Fannie völlig unbeeindruckt von meiner Garstigkeit in ihrem papiernen Buch und grinste leise vor sich hin. Zwei Kaffees, drei Kakaos und vier Nervenzusammenbrüche später verabschiedeten wir uns aus dem Café, und als ich mich beim Weggehen noch einmal umdrehte, schauten mir alle so komisch hinterher. So verliefen unsere Tage.

Die Rettung zum Thema Internet kam schließlich in Form der Hachenburger Stadtbibliothek, in der ich irgendwann einfach mein Büro bezog und Fannie ihren

Lesesessel. Das funktionsfähige Internet euphorisierte mich dann derart, dass Andi und ich abends das erste Mal seit Wochen entspannt mit einem Glas Wein vor unserem Häuschen saßen und langsam anzukommen schienen in dieser nicht geplanten Form der Freiheit. Das Thema Wohnmobil ließen wir bei unserem Plausch bewusst links liegen, ohnehin holte es uns ein paar Tage später wieder ein. Es hatte den ganzen Tag über geregnet, da beichtete mir Andi zaghaft, dass er in einem der wenigen Telefonate mit der Werkstatt erfahren habe, dass nicht nur der Motor, sondern auch das Getriebe des Vehikels irreparabel hinüber sei. Die gute Nachricht: Ein neues Getriebe befände sich aber bereits auf dem Weg aus England zu uns. Während wir also im Westerwald hockten, machten wenigstens einige Innereien unseres Wohnmobils eine Europatour. Der Plan der Werkstatt: Getriebeteile aus England sollten mit weiteren Ersatzteilen aus Belgien und Portugal sowie einem Motor aus Italien ein neues Ganzes ergeben. (Damals wussten wir noch nicht, dass die bestellten Getriebeteile nicht passen und durch andere ersetzt werden sollten.) War die Werkstatt chaotisch oder das Ganze eine Verkettung ungünstiger Umstände? Und die Kosten: Ich hörte auf zu rechnen.

Dass es Tiefs geben könnte auf solch einer Reise, dessen waren wir uns auch in der Planung durchaus bewusst gewesen. Dass es aber mit an Depression grenzenden Tiefs beginnen würde, damit hatte ich nicht gerechnet. Die für die Kinder aufrechterhaltene fröhliche Fassade krachte zusammen. Die Grenze meiner Belastbarkeit war erreicht. Ich meldete Mayday. Scheiß auf die Auszeit. Wer hatte sich den Humbug denn ausgedacht. Vorfreude, Kreativität, Freiheit – ich war schon froh, wenn ich den Tag überlebte.

Nach der Getriebe-Nachricht schaltete ich innerlich endgültig ab. Zog meinen Stecker raus. Stellte mir kurz vor, unserem verlogenen niederländischen Verkäufer die Glatze zu polieren oder mit quietschenden Reifen durch seinen Vorgarten zu brettern. Diesen miesen, verlogenen, abgezockten Verkäufer eines Schrotthaufens, der uns so dermaßen unsere Auszeit versaute, sollte die Pest holen und die Cholera! Am besten beides gleichzeitig. Irgendwann erwachte ich dann aus meinen Gewaltphantasien. Warum hatte ich eigentlich in all den Foren und Blogs noch nie von jemandem gelesen, den eine geplante Auszeit schon vom Start weg in mannshohes Schlamassel führte? Schrieb da keiner drüber, oder passierte dieser Mist tatsächlich nur uns?

Unserem Selbstmitleid sagten wir schließlich den Kampf an. Denn die Lösung stand die ganze Zeit direkt vor unseren Augen. Oder besser gesagt: bei einem Freund geparkt im Vorgarten. Wir fahren mit unserem VW-Bus durch Europa. Dass wir da nicht früher darauf gekommen waren!

NEUES DENKEN MUSS HER!

Neuntes Kapitel, in dem wir auf das Wohnmobil pfeifen und stattdessen endlich begreifen, dass wir schon unterwegs sind

Anfang September bis Anfang Oktober 2017, Limbach

Als wir den Entschluss gefasst hatten, mit unserem klapprigen Bulli statt mit dem Wohnmobil durchzustarten, geschahen plötzlich erstaunliche Dinge. Wir fassten wieder Mut. Nahmen endlich unsere Umgebung und nicht mehr nur uns selber wahr, mit offenen Augen und weiten Herzen.

Mit der gedanklichen Abkehr von dem Wohnmobil staunten wir nicht schlecht darüber, was wir die Wochen vorher nicht zu sehen in der Lage gewesen waren: Wir waren bereits unterwegs. Wir hatten zwar keine Ahnung, warum wir hier gelandet waren, aber wir waren unumstößlich auf einem uns unbekannten Weg. Räumlich waren wir zwar nur ein paar Kilometer weit gekommen, aber es ging uns ja auch nicht darum, Kilometer zu schrubben, um später damit angeben zu können. Wir hatten plötzlich wieder Augen für unsere Umgebung.

Und das war vielleicht das Schönste von allem. Quasi direkt vor der Haustür dümpelte ein bis dahin nicht wahrgenommener Landstrich dahin, der vom Großstadtleben so weit entfernt war wie wir vom eigentlichen Start unserer Reise: Nur ein Atemhauch und doch gefühlt so verdammt weit weg.

Für viele unserer Freunde, die uns besuchen kamen, war die Region fremder als die jährlich angefahrenen Höhenzüge der Pyrenäen oder die Strände der südfranzösische Mittelmeerküste. Wenn sie zu uns nach Limbach kamen, waren sie begeistert. Schon der Weg über die nicht enden wollende B 8 war für manche eine Beruhigungspille. Und kaum angekommen, reichte meist der kurze Spaziergang in den Wald und an die Nister, um das Entspannungsbarometer nach oben zu treiben, ganz ohne teure Achtsamkeitsunterweisungen. Ob es das viele Grün war, die Luft, die Landschaft, die Stille – an uns schlug die Therapie auch langsam an.

Der Gedanke an eine Lösung unseres Transportproblems schien uns zu beruhigen. Ich schlief ganze Nächte durch, was seit mindestens einem Jahr Schlafmangel einer Sensation gleichkam. Wir unternahmen etwas gemeinsam mit den Kindern und hatten glückliche Tage im Dorf und auf den Mountainbikes. Wir entdeckten Steinbrüche und lernten endlich auch einmal eine Familie mit Kindern kennen. Wir fanden unseren Humor wieder. Konnten über uns selber schmunzeln, wie wir uns in unserem Elend gesuhlt hatten. Lachten über Wanderer mit erstklassigem Equipment, aber miserabler Orientierung, die der Westerwaldsteig an unserem Häuschen vorbeispülte. Wir lasen das Wochenblättchen *inform* mit wachsender Begeisterung, entdeckten wir doch stets aus unserer Perspektive exotische Inhalte, wie etwa die Auflistung von Männern, Frauen und »Ausländern«

in den Dörfern der Umgebung. Ob wir als Part-Time-Dörfler zu einer der Gattungen gezählt wurden, fanden wir nicht heraus.

Limbach erwachte für uns aus seinem Dornröschenschlaf und wirkte schöner, heller, aufgeschlossener als in dem Monat zuvor. Wir fühlten uns plötzlich, als hätten wir die kulturübergreifenden Hürden genommen und kämen langsam an. Und das hatten wir vor allem den Menschen um uns herum zu verdanken. Kaum ein Tag verging, an dem wir nicht mit irgendeiner Freundlichkeit bedacht wurden. Hier aufmerksame Fragen, da ein fehlendes Werkzeug, da ein paar freundliche Worte, heute eine Zucchini und morgen ein Stück Kuchen, das wir doch bitte mal probieren sollten. Wir hatten plötzlich wieder Augen für die wunderbaren Menschen, die wir in den Wochen zuvor einfach ausgeblendet hatten. Die Limbacher entpuppten sich beim Hinsehen nämlich als ganz schön spektakulär. Unser Nachbar »Hubi« etwa. Machte sich montags nachts um drei Uhr auf den Weg, arbeitete die ganze Woche auf Montage, und es kam kein Wort der Klage über seine Lippen. Stattdessen erzählte er freudig, wie er aus seinem Bagger heraus die Schwäne gefüttert hatte. An seinen freien Tagen hämmerte er seelenruhig Wand für Wand aus seiner Wohnung heraus, um seiner Frau ein gemütliches Esszimmer zu zaubern, und mutierte schließlich zu Pauls Superhelden, weil er ihn den baggerähnlichen Dumper fahren und Schutt abladen ließ. An diesem Tag wurde aus Hubi endgültig der Superhubi.

Oder Dieter. Taubenzüchter, Kleinviehhalter, aktiver Pensionär. Über dessen Hilfsbereitschaft uns ein Nachbar folgende Geschichte erzählte: Als der sein Haus in Limbach gekauft hatte, sei die ganze Scheune bis oben hin voll mit ranzigem Stroh gewesen. Theo, der damals noch einzige aktive Bauer des Dorfes, hatte versprochen, das Stroh abzuholen. Nachdem aber auch Tage später kein Theo aufgetaucht war, ging der Neulimbacher einigermaßen angesäuert zu Dieter und bat ihn, ihm doch jetzt endlich dabei zu helfen, die Scheune zu leeren. Erst nach zwei Tagen gemeinsamen Arbeitens fand er heraus, dass Dieter eben Dieter und nicht jener Theo war, für den er ihn gehalten hatte. Dieter hatte ihm selbstverständlich zwei Tage beim Ausmisten geholfen und das als aktive Nachbarschaftshilfe verstanden. Diese Episode habe ich mir später öfter mal mit gestressten Mitmenschen in der Großstadt vorgestellt: nicht unwahrscheinlich, dass diese Angelegenheit übel geendet hätte. In Limbach war das normal.

Oder seine Frau Hildegard. Immer freundlich, hilfsbereit, stets das Essen auf dem Tisch, mittags um zwölf. Fannie fragte sie einmal, an welchem Ort sie am liebsten leben würde, wenn sie es sich aussuchen dürfte. Sie antwortete absolut spontan und hundert Prozent glaubwürdig: »Ja, hier natürlich!«

Oder Julia. Ausgebildete Fotografin, überzeugte Westerwälderin, mit Leib und Seele Limbacherin. Die Traditionen hochhält. Und ihren Garten in Schuss. Die einen Kartoffelacker beackerte und aus der Ernte ein Community-Event organisierte. Die morgens mit der Motorsäge in der Hand das Winterholz klein machte und deren Kinder bei Regen tunlichst draußen zu spielen hatten. Diese Powerfrau stieg in meinen privaten Olymp auf. Warum war sie mir in den Wochen zuvor nicht aufgefallen? Wer versteckte sich denn noch zwischen den beiden Ortsschildern dieses kleinen Kaffs? Die Westerwälder gaben uns zu denken. Es schien handfeste Kulturunterschiede zwischen ihnen und den Großstädtern zu geben. Die Kassiererinnen im Supermarkt waren entspannter als bei uns, die Nachbarn hatten immer Zeit für einen Plausch. Wir waren so nah an Köln, doch vom hektischen Getriebe der Stadt war hier nichts zu spüren.

Unser Entschluss, mit dem Bulli zu fahren, hatte uns endlich wieder offener und aufnahmefähiger für unsere Umgebung gemacht. Parallel dazu legte unser Tagesrhythmus einen Gang zu. Denn wir hatten von einem Tag auf den anderen wieder viel zu tun! Wir riefen unseren Freund Uli an, der den VW-Bus für seinen Sommertrip vorgesehen hatte, und schilderten ihm unsere Lage. Einen Tag später saßen wir auch schon in Köln und schauten uns unser Traummobil mit ganz neuen Augen an. So schlecht war der Bulli doch gar nicht. Irgendwie geräumig, wenn man drinsaß. Kultig obendrein. Und nicht zu verachten: Er fuhr! Kurz ein Bild von unserem neuen Plan auf »Auf nach Neuland« gepostet, und Uli sei Dank direkt mit dem T3 zurück in den Westerwald.

Ab diesem Moment hatten wir wieder Konstruktives vor: Unser treuer Bulli musste in einem Rundumpaket auf Vordermann gebracht werden. Wir brauchten ein paar Tage, um das ganze Ausmaß des Restaurierungsstaus abschätzen zu können. Heraus kam eine stattliche Liste, die Stück für Stück abgearbeitet werden wollte. Was war konkret zu tun? Da wir den Bulli in den letzten Jahren nur noch als Alltagsfahrzeug in der Stadt und für Umzüge und Transporte missbraucht hatten, war der Zustand, bis auf die von Uli bereits erledigten kleineren Innenausbauten, ziemlich desolat. Die Gasheizung musste repariert werden, das gesamte Frisch- und Brauchwassersystem war gnadenlos überaltert, und die Elektrik entsprach weder dem neusten Stand noch war sie gebrauchsfähig. Nachdem die Kernthemen Wasser, Strom und Heizung abgehakt waren, blieben noch jede Menge Arbeiten übrig. Da der Selbstausbau nicht über Kopfstützen verfügte, mussten neue gebaut und angebracht werden. Der Bettkasten war verschimmelt, nichts wie ran an die Holzarbeiten. Wo sollte das Gepäck von fünf Menschen plus Hund untergebracht werden? Weitere Holzkisten mussten gezimmert werden, die multifunktional auch als Sitzmöglichkeiten dienen sollten, wenn wir unsere Tage halbwegs menschlich im Bus verbringen wollten. Eine weitere Holzkiste wurde für den Innenraum zwischen Fahrer- und Beifahrersitz maßgeschneidert – jeder Kubikzentimeter Stauraum zählte. Der Keilriemen wurde vorsichtshalber noch einmal in einer Werkstatt gewechselt und unsere Nachbarin Hildegard half uns dabei, den Bulli mit neuen Polsterbezügen, Vorhängen und einer – wie könnte es anders sein – rot-weiß karierten Tischdecke von einem schäbigen T3 in unseren Traumbus zu verwandeln.

Je länger der T3 vor unserer Tür stand, je intensiver wir uns mit ihm beschäftigten, je mehr wir uns auf ihn einließen, desto schöner, großzügiger, prachtvoller erschien er uns. Unser Bus wuchs sozusagen vor unseren Augen über sich hinaus. Oder waren wir es, die wuchsen? Zu diesem Zeitpunkt konnte das noch keiner beantworten. Am Ende dieser einmonatigen Umbauphase stand er dann auf einmal vor uns, unser Traumbus. Er hatte alles, was wir brauchten: drei Sitze hinten für die Kinder, ein Tisch, an dem die Kinder unterwegs malen, lesen oder was auch immer tun konnten. Wir hatten einen Wohn- und Essraum, der zwar klein, aber gemütlich war, einen Zweiflammenherd, auf dem wir kochen konnten, eine minimalistische Kochausrüstung (einen

Teller, eine Tasse und ein Besteckset für jeden). Unsere auf zwei Ebenen verteilten Schlafräume betrachteten wir als Luxus. Wir mussten nur das Klappdach hochklappen und schon entfaltete sich die Maisonette. Und: Unter einer der selbst gebauten Kisten hatten wir Platz für eine Porta Potti eingeplant – die De-luxe-Anschaffung unseres Sanitärbereichs.

Zum zweiten Mal in nur zwei Monaten packten wir unsere Leben in Kisten und begaben uns wieder auf Start. Von Köln nach Limbach hatten wir den ersten Schritt getan, ein erstes Loslassen. Wir hatten das eine Haus aufgegeben und waren in ein anderes gezogen. Wir hatten Auf Wiedersehen gesagt und waren an einem neuen Ort willkommen geheißen worden. Wir hatten uns reduziert, unsere ersten Krisen durchlitten und dann unsere Augen und unsere Herzen auf Empfang gestellt. Nun sollte endlich der nächste Schritt folgen: Wir mussten unsere fürs Wohnmobil kalkulierte Reduktion noch einmal minimieren und unsere Reise neu erfinden. Und es war erstaunlich, was alles in unserem neuen Zuhause Platz fand: das Lieblingskissen, Kuscheltiere, Schlafsäcke, Untersetzer und Brötchenkorb. In einer Alukiste und einer zusätzlichen am Heck angebrachten Gepäcktasche wurde Outdoorequipment wie Zelt, Rucksäcke und Wanderschuhe untergebracht. Und jede Menge Ersatzteile, falls doch einmal etwas kaputtgehen sollte. Zum Schluss durfte jeder noch eine Reisetasche mit Kleidung einpacken, und selbst Livs goldene Sandälchen kamen mit.

Und nicht nur die fanden ihren Platz, da war noch etwas, für das wir Platz schaufeln mussten und dem im Lauf der Reise eine besondere Bedeutung zufallen sollte: Schulbücher. Nicht eins, nicht zwei, auch nicht drei.

Nein, ganze eineinhalb Meter Mathe, Deutsch, Englisch, Geografie, Naturwissenschaften musste mit. Ein Stapel, hüfthoch, voll mit geballtem Schulwissen, fand in der Lade über den Kindern Platz – auf dass die Weisheit auch ohne ihr Zutun in ihre Köpfe tröpfeln sollte. Der Raum des T3 war bis auf den letzten Zentimeter ausgefüllt. Und alles, was wir zum Leben und Lernen und Arbeiten brauchten, war dabei. Warum waren wir nicht früher auf diese Lösung gekommen? Wir hatten zu sehr an unserem Plan geklebt.

Schließlich war es an der Zeit, eine neue Reiseroute auszuarbeiten. Ende September, der Herbst kroch uns in die Schuhspitzen und empfindlich kalt kribbelnd unter die Haut, hatte der Mitternachtszauber des Nordens endgültig ausgezaubert. Mit dem Bulli in den skandinavischen Winter aufzubrechen, dafür war es zu spät. Oder unser Mut reichte nicht. Irgendwie, irgendwann würden wir schon noch in unsere Traumländer kommen. Wir mussten nur aufpassen, dass wir den Absprung schafften. Denn zwischen dem alten Gebälk des Fachwerks, den surrenden Sitzrasenmähern und den allsamstäglich kreischenden Kettensägen begannen wir uns gefährlich wohlig einzurichten.

DER TAG DER GROSSEN FREIHEIT!

Zehntes Kapitel, in dem wir die Ortsgrenzen von Limbach mit dem einzigartigen Gefühlsmix verlassen, Richtung unbekannt unterwegs zu sein

4. Oktober 2017, Aufbruch aus Limbach

Man sagt, dass Abenteuer beginnen, wenn Pläne ihre Gültigkeit verlieren. Wenn das stimmt, dann saßen wir jetzt mittendrin. Nach dem bundesweiten Feiertag, dem Tag der Deutschen Einheit am 3. Oktober, hängten wir unseren ganz privaten Feiertag einfach hinten dran. Dieser Tag würde in unsere Annalen eingehen und sicherlich würden wir ihm auch Jahre später noch mit einem Festessen oder einem Rieseneisbecher gedenken.

Wie oft hatte ich mir diesen einzigartigen Augenblick ausgemalt: Tür zuziehen, Wagen zünden und losfahren. Und zwar nicht in einen morgendlichen Stau auf der A1 hinein, sondern einfach los. Im festen Wissen, dass wir nicht in drei Wochen, auch nicht in sechs Wochen zurück sein müssen, sondern gefühlte Ewigkeiten Zeit haben. In einer Reiseeuphorie, wo Zeit nur die eine Rolle spielte: einer Ressource im Überfluss.

Und nun war dieser legendäre Moment der Abfahrt tatsächlich gekommen. Nach endlosen Monaten der Vorbereitung, nach Rückschlägen und Sinnkrisen breitete er sich an diesem Morgen vor uns aus. Legte sich uns zu Füßen. Die letzte Kontrolle, nichts vergessen, Strom und Wasser abgestellt, Haustür verschlossen, die Nachbarn noch ein letztes Mal in den Arm genommen, ein Foto, wir fünf mit Charlie im Arm in der offenen Schiebetür unseres Bullis, schnell noch auf Social Media gepostet. Kinder auf den Rücksitz, und los ging's. Wie lässt sich dieses Gefühl beschreiben, das mit aufs Gaspedal drückte? Eine Mischung aus Glücksbotschaften, Mutmachern, einer Prise Stolz, diesen Moment erarbeitet zu haben, einer weiteren Prise Unbehagen über das große Unbekannte, das vor uns lag – das alles presste da in unserer Brust. Das Gefühl, wirklich loszulassen und nicht zu wissen, was morgen sein würde, fühlte sich beim Zuschauen von anderen Aussteigern doch deutlich freier und einfacher an, als es dann bei den eigenen ersten Schritten war. »Wo fahren wir hin?«, fragten die Kinder. »In Livs Lieblingsland«, antworteten wir, »nach Südosten!« Liv reckte ihre Arme in die Luft vor Freude, die beiden Großen dachten ganz offensichtlich nach. So ganz geheuer schien zumindest ihnen diese vage Aussage nicht. Wir aber hatten beschlossen, uns von Livs leuchtenden Augen anstecken zu lassen, wenn sie von ihrem sagenumwobenen Land namens »Südosten« träumte. »Ist es da warm?«, fragte mich Liv oft, als wäre ich der Reiseexperte in Sachen Südosten, und ohne die Antwort abzuwarten hieß es gleich danach immer: »Da ist es so schön!« Da sie genau zu wissen schien, wo ihr Glück zu finden sei und dass der Wetterbericht dem nichts entgegenzusetzen hatte, hatten wir beschlossen, möglichst geschmeidig über Landstraßen erst nach Osten und dann Richtung Süden zu fahren. Mehr Plan war bei uns nicht mehr drin. Landstraßen statt Autobahnen und möglichst wenig Campingplätze, so weit, so gut.

Und dann ließen wir endlich das Ortsschild von Limbach hinter uns, schauten ein letztes Mal auf die mittlerweile vertraute Landschaft aus Regengrün und Nebelgrau, bogen von den Dorfstraßen auf eine Landstraße ab und von der wieder auf die nächstgrößere, Richtung Osten. Wir folgten der B 414 über Hachenburg Richtung Bad Marienberg. Dahinter Terra incognita, weiter östlich waren wir noch nie gewesen. Es war still im Bus. Die Kinder schienen die Regentropfen zu fixieren, die die Scheibenwischer zur Seite schoben, oder die Autos vor ihnen, die zur Arbeit oder zum Einkaufen, gewiss aber abends wieder nach Hause fahren würden. Sie lauschten den regelmäßig schlagenden Kolben des Motors, der uns in Bewegung setzte, oder den bangen Schlägen ihrer Herzen. »Wo übernachten wir denn heute, Mama«, drang von der Rückbank furchtsam an unser Ohr. Ich drehte mich aus meinem Beifahrersitz zu ihnen um und brachte voller gespielter Überzeugung die Worte heraus: »Ich weiß es nicht. Aber wir werden es gut haben.«

An jenem ersten Abend fanden wir uns in Battenberg an der Eder wieder. Wie wir dort hingekommen waren, oder gar warum gerade im Eberbergland, von dem wir bis hierhin noch nie etwas gehört hatten? Es spielte keine Rolle. Das Fachwerk sah einladend aus, wir waren müde nach dem Kraftakt der ersten Etappe von ganzen 96 Kilometern, der Weg hatte uns eben in diesem kleinen Ort gespült. Das erste Mal auf dieser Reise hatten wir einen Parkplatz angefahren, ohne Reiseführer oder Online-

Recherche, und uns ausschließlich auf unser Gefühl verlassen. Nun standen wir neben einer kleinen Kapelle und ich sagte in die Runde: »Wer fragt?« – »Du natürlich«, waren sich alle einig. »Okay, aber ihr kommt mit«, sagte ich. Die Kinder und ich klingelten an einer Haustür neben der kleinen Kapelle und ein Mann öffnete uns die Tür. Seine Hunde bellten aus dem Wohnzimmer heraus und zwei freundliche Augen blickten uns an. Gott sei Dank. »Entschuldigung«, sagte ich etwas beklommen, »wissen Sie, ob wir hier auf dem Parkplatz neben der kleinen Kapelle übernachten dürfen?« Der Mann erwiderte, das ginge schon, aber er würde uns davon abraten, denn die Glocken der Kapelle schlügen stündlich und außerdem stünden morgens um sieben schon Arbeiter vor dem Tor, die an der Restaurierung der Kirche arbeiteten. Er schlug vor, dass wir uns an die Festhalle des Ortes stellen sollten, da könne man frei und kostenlos übernachten. Wir dankten, froh, dieses allererste Mal Stellplatzsuche so gut wie über die Bühne gebracht zu haben, und verabschiedeten uns in die gewiesene Richtung. Wir fanden die Halle und den Parkplatz davor und warfen uns das erste Mal in unser neues, unbekanntes Zuhause. Charlie schnupperte kurz in den Regen hinaus und tollte mit den Kindern über die stehenden Pfützen der Festwiese herum. Wir stellten zum allerersten Mal das Hochdach auf und das allererste Mal unsere Kochtöpfe auf die Gasflammen. Wir aßen das allererste Mal von unsern Plastiktellern und stießen genüsslich und schlückchenweise auf die neue Freiheit an.

Ich glaube, so richtig geschlafen hat in dieser Nacht niemand außer Liv. Fannie wurde wach, weil sie schlechte Träume hatte, Paul fror und kam zu uns nach unten. In meinen Ohren dröhnte jedes Auto auf der nahe gelegenen Landstraße und jedes Flugzeug, das über uns hinwegschoss. Es stürmte und regnete dermaßen, dass es den Bus ordentlich durchrüttelte. Draußen näherten sich irgendwann in der Nacht Scheinwerfer und außer Liv nahmen alle eine Habtachtstellung ein. Wir mussten erst den Glauben daran finden, dass die Welt um uns herum es gut mit uns meinte. So also fühlte es sich an, unterwegs zu sein.

IM RÜCKSPIEGEL

Elftes Kapitel, in dem wir an der weißrussischen Grenze Abschied nehmen und auf die Direttissima gen Heimat starten

31. Juli 2018, Białowieża, Polen, nach 365 Tagen on Tour

Der letzte Tag. Der allerletzte Tag! Wir wackelten auf den knarzigen Biergartenstühlen des Sosnowa Polana herum. Scharrten mit den Füßen im Sand. Versuchten, mit möglichst jedem Fitzel unserer Körper im Schatten des Sonnenschirms zu verschwinden, nach all den Monaten des Draußenseins in diesem Jahrhundertsommer 2018. Seine Hitze hatten wir all die Monate auf unserer Epidermis gespürt, Tag für Tag, Woche für Woche, Monat für Monat. Regen? War das nicht dieses tröpfelnde Nass, das früher einmal vom Himmel gefallen war! Ich erinnerte mich kaum noch daran, wie es sich anfühlte, mit diesem verstohlenen Blick in den Himmel zu lugen, ob eine Regenjacke mit muss oder nicht. Von Kalabrien über Sizilien und Südtirol, von Skandinavien übers Baltikum bis zu diesem östlichsten Zipfel Polens – dieser Sommer hatte sich mächtig für uns ins Zeug gelegt. Kaum ein Tag, den

wir im Auto zubringen mussten und nicht draußen
waren. »War da nicht der Vormittag Regen in Norwegen,
Mama? Weißt du noch, als wir alle im Auto gesessen
haben, Papa fuhr, die Scheibenwischer gingen und wir
alle haben ›Singing in the Rain‹ gegrölt?« – »Stimmt, wie
haben wir uns über den Regen gefreut!«
      Was für ein Jahr! Das so stotternd begonnen hat. Das
immer wieder bittere Pillen für uns bereithielt und uns
mit aller Macht von unserem Vorhaben abzubringen versuchte. Das uns peu à peu das Reisen gelehrt hat. Das
uns Zeit geschenkt und den Umgang mit ihr beigebracht
hat. Das uns als Familie miteinander verwoben hat. Uns
den Blick auf unser Leben frei geschubbert hat. Und das
zum Vorschein brachte, was uns ausmacht. Ein Jahr, das
uns so reich beschenkt und uns in den allerletzten Monaten unserer Auszeit doch noch mit unseren Traum-
ländern beschenkt hat.
      Was für ein Europa! Ein Kontinent, den wir fast gren-
zenlos passieren konnten und von dem wir doch nur
einen Bruchteil gesehen haben. Der uns unterwegs sein
ließ und sich doch so oft wie ein Zuhause angefühlt
hatte. Gibt es ein europäisches Gefühl? Eine Solidarität
unter Gleichgesinnten? Etwas Gemeinsames, das uns
wirklich zusammenhält? Wo auch immer wir hinkamen,
haben wir Menschen getroffen, die uns aufnahmen. Die
ganz selbstverständlich gastfreundlich waren, offen und
vertrauensvoll. Nicht selten hatte mich die Freundlichkeit der kurz zuvor noch Unbekannten beschämt zu-
rückgelassen, während die Kinder sie ganz selbstverständlich geschehen ließen. Die Menschen auf unserer Reise haben uns zu essen gegeben, uns ihr Haus
als Ort zum Bleiben angeboten und ihre Gedanken mit
uns geteilt. Sie waren mit uns gewandert, mit uns ge-

schwommen und auf Berge gestiegen, sie haben für uns gekocht und uns ihre Kinder anvertraut. Welch ein Geschenk! Nun trennte uns kaum ein Kilometer von der Grenze zu Weißrussland. In diesem dichten Wald da hinten, hinter Zäunen und Schlagbäumen, lag irgendwo verschlafen eines der letzten autokratischen Systeme Europas und ließ uns nicht ein. Diese Ausschließlichkeit nahmen wir wieder einmal zum Anlass, mit unseren Kindern die phantastische Erfindung der Freizügigkeit in Europa als eine der Errungenschaften der Nachkriegszeit zu feiern. Denn die Reise durch Europa war für uns und unsere Kinder auch zu einem politischen Lehrstück geworden. Wie frei wir doch waren, auf diesem Kontinent reisen zu dürfen! Und allerorten sägen die Regierungen genau an diesem Ast. Ich konnte nicht anders, ich musste wenigstens einmal an dieser Grenze mit meiner Nase nach Weißrussland hineinschnuppern.

Es war still am Tisch, als wir auf unsere Blinis, die Spinatkroketten, den Borschtsch und das Wildgulasch mit Knödeln warteten. Unsere letzte Mahlzeit unterwegs sollte ein Festmahl werden. Alle hingen ihren Gedanken nach, Liv stierte auf den Eiswagen, Charlie lag unter dem Tisch und hoffte, dass zumindest ein kleines Stückchen vom Festmahl für sie abfiel. Andi und ich nippten an unserem Zubr, ein kräftiges Helles, die Kinder schlürften ihre Softdrinks. Still, fast versunken.

Unsere letzte Station. Białowieża, Polen. Wie hatte uns auch diese Stadt wieder einmal in Erstaunen versetzt! Unser Ziel lautete: einer der letzten Urwälder Europas, Baumriesen, Wisente. Ein Urwald, der in Europa dadurch bekannt geworden war, weil er offenbarte, wie groß Interessenunterschiede sein können. Hier der Wald als

Wirtschaftsgut, in dem jede ausgewachsene Eiche Zigtausend Euro wert war, dort Teil einer unberührten Natur, seit Hunderten von Jahren, schützenswert, erhaltenswert. Ein Wald, um den gekämpft wird und den wir als still und vielleicht ein wenig märchenhaft erlebt hatten, mit seinen samtenen Moosen, den wild wurzelnden Riesen, dem vielen Totholz. Ein Mahnmal auch, in dem Gedenktafeln der Partisanen erinnerten, die Deutsche im Zweiten Weltkrieg erschossen hatten (wie oft waren wir während unserer Reise auf dieses Thema gestoßen worden!). Wisente hatten wir dann im Wildpark gleich nebenan gesehen. Auch schön.

Viel weiter östlich ging nicht, wenn man in der EU bleiben wollte. Für uns ohnehin nicht, denn wir mussten heim. Wir hatten die Rückreise hinausgezögert, solange es ging. Hatten einen Tag drangehängt, und noch einen. Und noch einen. Und dabei das von Białowieża gesehen, was uns später viel mehr in Erinnerung bleiben sollte als die Wisente. Es begann schon bei der Anfahrt, spätabends, von Hajnówka kommend, der letzten kleinen Stadt außerhalb des Nationalparks. Plötzlich umhüllte uns der nächtliche Wald, schwarz, mit Augen gespickt, Füchse, Wölfe, wir wussten es nicht. Am Rand des Dunkels ein Rucksack und ein Daumen, an dem wir vorbeirauschten. Wir bremsten, drehten um und sammelten eine junge Frau ein, die noch zwischen uns Platz fand. »Danke, dass ihr mich mitnehmt«, sprach sie uns auf Deutsch an. »Ich hab den letzten Bus verpasst.« Ob sie keine Angst habe im Dunkeln, im Wald, fragten wir. »Der Wald ist mein Arbeitsplatz«, lachte sie, »hier kenne ich mich aus, auch im Dunkeln.« Die junge Frau hatte eine Biographie, die wir so oder so ähnlich schon öfter gehört hatten: Heimatland, in diesem Fall Polen, Studium irgendwo in Europa, hier Schweden und Deutschland, arbeiten, in diesem Fall wieder in Polen. Ich empfinde immer wieder tiefe Dankbarkeit dabei, wenn ich höre, dass junge Menschen so selbstverständlich in Europa zu Hause sind. European Natives irgendwie. Die junge Frau hatte uns Białowieża ans Herz gelegt, schaut euch um, eine coole Stadt. Also hatten wir Białowieża unsicher gemacht: Die schlichten Holzhäuser mit oder ohne geschnitzte Ornamente, die Holzzäune und Apfelbäume davor, hatten es uns angetan. Der kleine Lebensmittelladen, in dem es nach Schinken roch und in dem nur Złoty als Zahlungsmittel akzeptiert wurden. Das kleine gelbe Holzhaus mit seinem verwunschenen Garten an der Narewka, in dem junge Leute aus Warschau ein kleines »Chill and Kayak« eingerichtet hatten. Hängematten im Garten, ein paar Äpfel für den Weg, »nehmt nur«, Kajaks, in dem die Kinder in die Abenddämmerung zwischen all dem Schilf mäanderten, Andi und ich zurückgelehnt in unserem Sommerschwitz. Der kleine Bahnhof, *Białowieża Towarowa*, der an die sogenannten großen Zeiten des Örtchens erinnerte. Eigens erbaut dafür, dass Nikolaj, der allerletzte Zar Russlands, mit seiner Familie standesgemäß vorfahren konnte, um die eigens für seinen Vorgänger Zar Alexander III. gebaute Prachtvilla mit 120 Räumen zu erreichen und ein paar der eigens für ihn streng bewachten Wisente zu erjagen. Was für ein Irrsinn! Umso prachtvoller, was davon übrig geblieben war. Während die Villa beim Rückzug feindlicher Truppen am Ende des Zweiten Weltkriegs in Brand gesetzt worden war, hatte der Bahnhof überlebt. Irgendwann hatte sich jemand seiner Pracht erinnert, und seit 2003 waren wir alle Zaren. Durften uns von livrierten Kellnern bedienen lassen, Tee aus dem Samowar tröpfeln sehen, herrschaftlich in originalgetreu restaurierten Waggons residieren (was wir uns nicht leisten konnten) oder in der Pracht eines vergangenen Jahrhunderts dinieren. Man konnte auch eine Draisine über die Gleise bewegen, was wir mit Hingabe taten und mithilfe einer anderen polnischen Familie dann auch schafften.

Zwei Erlebnisse in Białowieża sind mir in Erinnerung geblieben, und es sind, wie so meist, nicht die offensichtlich spektakulären Momente. Eher die besonders menschlichen. Die junge Betreiberin von »Chill and Kayak« hatte abends ihre Schwester angerufen, weil wir noch nicht wussten, wo wir übernachten sollten. Unweit der Stadt, zwischen Grün und eingerahmt von den vom Dauerzirpen schon heiseren Grillen, lag dann der restaurierte Hof, junge Leute, mit Kindern auf dem Arm, die Männer mit Bärten im Gesicht. Für ein paar Euro durften wir auf dem Grundstück übernachten und am nächsten Tag unter Apfelbäumen am gedeckten Tisch frühstücken. Wieder einmal auf dieser Reise waren wir erstaunt, wie freundlich die Menschen sein konnten. Überall auf diesem Kontinent gab es Menschen, denen etwas daran gelegen war, Gäste glücklich zu machen.

Genau diese Hilfsbereitschaft gehörte auch zum zweiten einprägsamen Erlebnis in Białowieża. Wir saßen mit Fannie in unserer Mitte am Straßenrand. Sie hatte so starkes Nasenbluten, dass ich begann, mir Sorgen zu machen, während Taschentuch für Taschentuch blutdurchtränkt auf der Straße landete. Ein Kleinwagen hielt, eine Frau stieg aus, ihre Kinder auf den Rücksitzen, ihr Mann am Steuer. Sie sei Ärztin, sagte sie, schaute sich Fannie an, bestätigte, dass wir alles richtig machten, riet uns, weiter den Nacken zu kühlen, und fuhr wieder los. Kurz danach hielt der Wagen wieder. Und die junge Frau blieb bei uns, bis Fannies Nasenbluten gestillt war. Sie wollte sicher sein, dass es ihr gut ging. Welch eine Freude, immer wieder solchen Menschen begegnen zu dürfen. Ansonsten: Białowieża war cool, danke für den Tipp, liebe Anhalterin.

Aber nun mussten wir wirklich heim. Wir stocherten in den Resten unseres Festmahls, das Bier stand schal in den Gläsern. Noch ein paar Minuten, dann würden wir die Autotür ein letztes Mal öffnen, ehe uns 1300 Kilometer weiter westlich wieder unser altes Leben einfangen würde. Würde es doch, oder? Nach 365 Tagen Unterwegssein sollte unsere Reise ein Ende haben. Was sollte das anderes bedeuten, als dass wir wieder eingefangen wurden von diesem unserem alten Leben.

Die Wagentür schlug zu. Wir alle schauten uns über den Rückspiegel ein letztes Mal an. Fannie sah in den wässrigen Glanz meiner Augen und sagte:»Mama, weißt du, die einen Sachen sind vorbei. Und neue fangen an. Und, du weißt doch, alles ist gut, solange wir zusammen sind!«

Ich schlug die Beifahrertür zu. Andi trat aufs Gaspedal. Wir streckten unsere Köpfe aus den Fenstern heraus, ließen unsere Haare noch einmal vom Wind zerzausen, adieu, búcsú, αντίο, addio, farvel und auf Wiedersehen ihr staubigen Landstraßen, ihr wunderbaren Tage des Müßiggangs, ihr Städte und Dörfer, ihr Menschen dieses wunderbaren Kontinents. Tschüss Auszeit. Wie konnte es sein, dass dieses unendlich erscheinende Jahr ein Ende haben sollte?

Wenigstens hatten wir bei diesem letzten Abschied niemanden, den wir in den Arm nehmen, von dem wir uns trennen mussten. Keine Abschiede mehr, dies zumindest war uns ein kleiner Trost beim Gedanken an den neuen Lebensabschnitt zu Hause.

Nur dreizehn, vierzehn Stunden trennten unseren kleinen Koffer, vollgepackt mit saftiger, knackig gereifter Freiheit, von dem dagegen schal anmutenden alten Leben in Köln; unsere vier mickrigen mobilen Metallwände von unserem Haus aus Stein; das pure innige Familienleben vom gängigen deutschen Normalmaß an gemeinsamer Nähe. Der glutheiße Wind strömte von Feldern und Wiesen durch die weit geöffneten Fenster zu uns hinein. Lullte uns auf den ersten Kilometern Landstraße gehörig ein. Immer Richtung Westen. Das Leben in Köln, wie würden wir es stemmen? Würden wir überhaupt noch in diesen engen Anzug passen, der unser Alltag gewesen war? Wie würden wir mit unseren von Unabhängigkeit und Wildheit aufgepumpten Herzen in diesem auf Taille geschnittenen Dresscode unser Leben bewältigen? Waren wir diesem Leben nicht in Wirklichkeit längst schon entwachsen? Ging das überhaupt, zurück auf Start, nachdem wir das Ruder in die Hand, ach was, in beide Hände genommen hatten? Wir versuchten es mit Logik und zählten auf: Was haben wir vermisst? Was nicht? Unsere Eltern. Ja, auch wenn wir in regelmäßigem Austausch standen. Unsere Freunde. Mit ihnen waren wir so intensiv über WhatsApp, Facetime, E-Mail und Telefon verbunden, dass wir uns zwar freuten, sie zu sehen. Aber vermissen? Ich erinnerte mich an postlagernde Luftpostbriefe in Kathmandu, in Bangkok, in Nairobi; früher, in dieser längst vergangenen analogen Zeit, über die die Kinder heute ihre Witze machen. (»Mama, gab's schon Autos, als du geboren wurdest?«) Die Aufregung beim Gang zum Postamt, die nächtens verfassten Sehnsuchtstexte. Die Briefe waren regelmäßig so lange unterwegs, dass die Gegenwart die Inhalte längst überholt hatte.

Damals hatte ich vermisst. Heute hatten wir uns während der ganzen Reise gefühlt, als säßen wir neben unseren Freunden auf der Couch. Nur ohne Chips und Kölsch in der Hand. Die moderne Kommunikation lässt das Vermissen vermissen. Das hatte ja durchaus etwas Positives. Und ja, wahrscheinlich waren wir uns auf diesem Trip einfach selbst genug.

Also noch einmal, »denkt nach, was habt ihr vermisst?« Sport. Allgemeines Nicken, überall ein ja. Wir hatten uns so viel Bewegung vorgenommen, wollten das Jahr zu einem Freiluftsportevent machen. Doch unterwegs hatten wir nur selten die Gelegenheit dazu ergriffen. Nur wenn die Kinder versorgt waren, und das kam in diesem Jahr nur wenige Male vor, waren Andi und ich aufs Rad gestiegen oder hatten die Laufschuhe angezogen. Ein paar Mal waren wir alle gemeinsam gelaufen, am Strand entlang, über eine Insel. Oder hatten Workouts mit Anweisungen aus einer App absolviert. Regelmäßiger Sport, Klettern, Laufen, Rad fahren, Handball, Turnen, Tanzen, darauf freuten wir uns wirklich. Worauf noch? Shoppen, Cafés, Kinos, essen gehen. Fehlanzeige. Zweisamkeit? Ein großes Ja! Aber ob wir die zu Hause hinkriegen würden, das blieb eine der offenen Fragen.

Wie wär's mit einem geregelten Tagesablauf? Der hat doch auch was für sich. Vier Köpfe verneinen. Allein die Vorstellung von Aufstehen im Nachtdunkel ließ uns alle fünf schütteln. Charlie grunzte, was wir als Nein interpretierten.

Wie stand es mit Schule? Vermissten die Kinder sie? Kopfschüttelndes Lachen. Wie oft hatten Andi und ich in diesem Jahr darüber philosophiert, wie Lernen funktioniert. Wir hatten unsere Kinder studiert und ihnen beim Wachsen zusehen können. Täglich. Nun sollten wir sie wieder um acht Uhr auf die Schulbank schicken. Liv würde das erste Mal in ihrem Leben durch ein Schultor treten. Für uns Erwachsene hatte die Vorstellung, unsere Kinder in der Schule lernen zu lassen, tiefe Risse bekommen. Die Weite der ungarischen Puszta war unser Klassenraum, der freie Himmel von Badolato, die Schärenküste, der kleine norwegische Fluss Nidelva. Überall breitete der Lernraum sich vor uns aus. Und nicht nur der der Kinder. Auch wir waren täglich ins Staunen gekommen. Unsere Lehrer waren wir selbst gewesen, jeder für sich, und all die Menschen um uns herum, die wir auf der Reise kennengelernt hatten.

»Mama, dürfen wir ein Eis?« – »Klar. Lasst uns eine Tanke suchen.« Die Tankstelle kam, kurz die Freude des kalten Prickelns auf der Haut, dann der Moment, in dem die Kühle verdampft, sich auflöst. Und wieder hüllte uns die schwitzige Schwüle ein.

»Mama, erinnerst du dich noch an unsere erste Etappe? Als die Leute an der Wartburg gedacht haben, wir wären die Toilettenreiniger? Und als wir Eva and Ralph getroffen haben?« Eva und Ralph. Unsere ersten Gastgeber, die wir erst am Telefon kennengelernt hatten und bei denen wir dann eine ganze Woche geblieben waren. Und als wir im Gewitter in Budapest auf dem Campingplatz gelandet waren? Ich schaute in den Rückspiegel, in die erwartungsvoll leuchtenden Augen der Kinder. Und wir begannen, unser Lieblingsspiel zu spielen. »Erinnerst du dich noch?«

VON BATTENBERG BIS WEIMAR

Zwölftes Kapitel, in dem wir die Landstraßen entlangstromern und unsere Nasen überall Fährte aufnehmen

5. bis 12. Oktober 2017, auf dem Weg nach »Südosten«

Am Anfang gelang es uns noch spielend, unsere Reiseetappen aufzulisten. Wie bei »Wir packen einen Koffer«. Nur dass unserer ja schon längst gepackt war. Battenberg, Obersuhl, Eisenach, Weimar, Dresden. Aber der Reihe nach.

Unsere erste Nacht freicampen war geschafft und als Belohnung für unseren Mut holten wir ganz gemütlich Semmeln in einer kleinen Bäckerei in Battenberg. Frühstückten ausgedehnt, wir hatten Zeit. Das erste Mal Espresso auf der Gasflamme, Kakao für die Kinder, zurechtruckeln auf unseren Holzkisten, mit den Filzkissen gemütlich gemacht. Wer sitzt wo? Und wie schaffen wir es, ohne allzu viel Bewegung auszukommen? Jedes Hin oder Her bedeutete eine neue Positionsverteilung in unserer Schuhschachtel. Wie dieses Frühstück schmeckte! Nach Lust und Unterwegssein, nach Abenteuer, Freiheit, nach Vanlife und Familie. Der Cappuccino hätte jedem Barista-Battle standgehalten, die Semmeln außen kross und innen wunderbar weich. Ich weiß noch, dass wir uns über unser Schwärmen kaputtlachten, während draußen Regentropfen an die Windschutzscheibe klopften. Anschließend brauchten wir sage und schreibe eineinhalb Stunden, um den Bus von der Frühstücks- wieder in die Fahrfunktion umzubauen.

Gegen Mittag hieß es wieder »Action« im mobilen Tiny House Heider. Auf die Landstraße, Richtung Osten. »Wo schlafen wir denn heute?« – »Keine Ahnung.« – »Ah.« – »Wird schon.«

Ein weithin sichtbares Schild ließ uns nur 120 Kilometer weiter an der Landstraße rechts ranfahren. Wir passierten unsere erste Grenze. Ex-Grenze, um genau zu sein. »Hier waren Deutschland und Europa bis zum 9. Dezember 1989 um 16 Uhr geteilt«, hieß es auf einer Tafel. Zeit für eine Einheit Geschichtsunterricht, denn unsere Kinder hatten ja Deutschland nur im Postwendeszenario kennengelernt – grenzenlos.

Wir waren mit unserem Bus exakt dort gelandet, wo keine dreißig Jahre zuvor noch der Eiserne Vorhang den Weg verbarrikadierte. Ob »Zonengrenze« oder »imperialistischer Schutzwall«, die Sichtweise hing von der Himmelsrichtung ab, von der man auf die Grenzbefestigungen schaute. Deren Undurchdringlichkeit dagegen war absolut richtungsunabhängig. Für Verwandte, Freunde, Nachbarn in dem kleinen Ort Wildeck – wie überall längs dieser Befestigungsanlagen – war diese Grenze jahrzehntelang ein gewaltiger Einschnitt: Der Weg nach drüben war unpassierbar. »Halt! Hier Grenze!«, stand unmissverständlich auf den Schildern am Straßenrand. Besser gesagt: am Ende der Straße. Danach Grenzstreifen. »Mama, genau hier kam man also nicht weiter?« – »Genau hier war Schluss.« »Genau hier prallten politische Systeme aufeinander, trennten Sperranlagen Obersuhl von Untersuhl, Wildeck von Gerstungen, genau hier teilten sie einen ganzen Kontinent in zwei Hälften. »Stellt euch vor, da hinten haben Soldaten in diesem kleinen Betonbunker gehockt und Tag und Nacht herübergestiert. Metallgitterzäune, Kfz-Sperranlagen, Wachtürme. Perfektionierte, bis ins Detail durchdachte Dummheit! Die Kinder staunten nicht schlecht, mit welchem Aufwand die Menschen voneinander getrennt worden waren. Bei uns, mitten durch Deutschland, war also eine Grenze verlaufen. Paul und Fannie hatten davon gehört, aber nach dieser Live-Lehreinheit würden sie sie sicher nicht mehr vergessen. Wir philosophierten das erste Mal auf dieser Reise über Europa, über die grenzenlose Freiheit auf diesem Kontinent, die keineswegs selbstverständlich ist. Da kletterten Paul, Fannie und Liv schnell auf die überdimensionierte, übermannshohe Gedenktafel, zogen sich an den Metallpfosten hinauf, und winkten uns von oben zu. »Genug Geschichte, gebt uns Fahrtwind!«, schienen sie zu rufen. Also weiter!

Ab hier begann für uns auch 29 Jahre nach der Maueröffnung der unbekannte, der wilde Osten. Peinlich genug, aber Andi und ich waren bislang selten durch die neuen Bundesländer gereist. Bei uns hatte die Grenze im Kopf offensichtlich die beabsichtigte Wirkung erzielt.

Keine dreißig Kilometer östlich unseres Zwischenstopps und nach einer Tagesetappe von sage und schreibe 150 Kilometern stellte sich unserem Trip die Wartburg in den Weg. Schon wieder Geschichte. Sorry, aber wenn die von uns willkürlich gewählte Landstraße von derart historischen Stätten gesäumt war, konnten wir schwerlich daran vorbeifahren. Majestätisch, prachtvoll, Eindruck gebietend. Die Festung thronte über der Stadt Eisenach und rief uns förmlich zu sich. Der Pförtner des Parkplatzes winkte uns durch und flüsterte uns hinterher: »Wenn ihr morgen ganz früh rausfahrt, ist die Schranke vielleicht geöffnet und ihr müsst noch nicht mal die Stellplatzgebühr bezahlen.« Wir dankten, freuten uns und parkten direkt unter den historischen Mauern der Burg.

Wir entdeckten eine Schautafel zur Geschichte der Burg, die davon erzählte, wie Dreistigkeit geht und wie weit man mit dieser Herangehensweise auch vor Jahrhunderten schon kam. Die Geschichte war nämlich die: Der Graf Ludwig ritt eines schönen Tages fröhlich ins Horn blasend mit seinen Jungs durch den Wald und kam auf der Suche nach einem ordentlichen Hirsch oder Eber auf den Wartberg. Weil es ihm dort so ausnehmend gut gefiel, rief er angeblich munter seinen Gefährten zu: »Wart' Berg, hier bau' ich meine Burg.« So oder so ähnlich soll es sich zugetragen haben. Blöd nur, dass Graf Ludwig gar nicht auf seinem eigenen Land umherjagte, sondern auf dem Grund der Herren von Frankenstein. »Was soll's«, dachte er gewiss leichthin, da wird sich ein Weg finden, und trug kurzerhand einen Sack Erde von seinen Ländereien auf die Spitze des Wartberges, schlug seine Pfosten ein und behauptete nun frech, aber irgendwie ja ehrlich, er baue auf seinem Grund. Das Erstaunlichste an dieser Gründungsepisode: Mit dieser Tücke kam Ludwig Jahre später sogar vor Gericht durch und das Land wurde ihm zugesprochen. Dreistigkeit siegt! Das war gerade nicht die Botschaft, die wir unseren Kindern mit auf ihren Lebensweg geben wollten, aber sei's drum, sie werden das schon richtig einschätzen.

Charlie preschte vom Schloss los in Richtung Drachenschlucht, wir liefen mit der Leine wedelnd hinterher. Ob wir wohl Drachen oder zumindest die ein oder andere Prinzessin zu sehen bekämen? Kein Drache, keine Prinzessin weit und breit, dafür aber bizarr gebrochene Stämme und wild durcheinander liegende bemooste Äste, fratzenartiges Totholz, um das wir herumstiegen. Und dann plötzlich der Wind, der sich uns durch knarzendes Geäst und wiegende Stämme immer weiter näherte. Ein Sturm zog auf. Nichts wie raus aus dem wilden Wald, hinein in die Festung der Wartburg. Wer sagt eigentlich, dass man in exotische Länder reisen muss, um Abenteuerliches zu erleben? Muss man nicht, wenn man die Augen aufmacht und mit Phantasie an die Sache rangeht. Was nutzt der weißeste feinsandigste Küstenabschnitt an einem türkisblauen Meer, wenn die Gabe fehlt, sich in ein Piratenabenteuer hineinzuversetzen und mit Musketen und Säbeln ins Dickicht der Insel vorzudringen.

Was war das bloß für ein Typ, dieser Martin Luther? Legte sich mit der ganzen damaligen Welt an. Zweifelte an der bestehenden Ordnung. Setzte sich einfach über alles, was damals gute Sitte war, hinweg. Machte das Maul weit auf und hämmerte seine Meinung an die Wand. Er hatte zum Glück ein paar weitsichtige Mitstreiter an der Seite, die ihm Obdach und Schutz gewährten, gerade hier, in der Wartburg. Hier hatte Luther als Junker Jörg getarnt Zeit und Muße, die Bibel aus der nur einer Elite zugänglichen lateinischen Sprache ins Deutsche zu übertragen. Der Mann war ein Revoluzzer, ein Zweifler, ein Macher. Wenn wir alle doch ein wenig mehr von ihm in uns trügen, hätte die Grenze zwischen Ober- und Untersuhl wohl nicht so lange existiert, denke ich.

Gott sei Dank hatte Johannes Gutenberg ein paar Jahre vorher die Druckerpresse erfunden – die wir ebenfalls auf der Wartburg besichtigten –, sodass Luthers Ideen quasi viral unters Volk kamen. Wie hätte Luther sich eigentlich heute Gehör verschafft? Wahrscheinlich hätte er seine Botschaften in Social-Media-Kampagnen verbreitet. Hätte die Thesen hübsch animiert verständlich erklärt und wäre damit von Talkshow zu Talkshow gereicht worden. Wobei er mit 95 Thesen eventuell weit über die Grenzen der Konzentrationsbereitschaft der heutigen Zuhörer gegangen wäre. Häppchen, schön und gut, aber bitte doch nicht so viele, das muss sich doch zusammenzurren lassen auf ein paar Aussagen, die jeder zwischen zwei Latte-Schlückchen aufnehmen kann. Und überhaupt, mit den Themen Buße und Ablass käme Luther heute wohl kaum noch an.

Auch Luther hätte heute wohl seine Auszeiten genommen, stelle ich mir vor. Um seine Gedanken zu sortieren, zu meditieren, um innezuhalten und seinen Wahrheiten auf die Spur zu kommen. Während eines Sabbaticals und abgeschottet vom Digitalwahnsinn hätte er dann ganz analog auch heute genug Thesen gefunden, um den Mächtigen Mores zu lehren. Könnte doch sein, oder?

Wir hatten uns für unsere Auszeit vorgenommen, Paul, Fannie und Liv mit möglichst vielen aktuellen Themen in Berührung zu bringen. Und das war doch topaktuell, was wir hier geboten bekamen: dass man für seine Überzeugungen einstehen muss. Dass Aufbegehren zur Pflicht wird, um die Gesellschaft weiterzubringen. Dass man sich nicht der gängigen Lehrmeinung unterordnet, wenn man ahnt, dass da ganz andere Interessen am Werk sind. Mut, Weitsicht, der Glaube an eine bessere Welt – Luther muss ein Optimist gewesen sein. Und die Wartburg erwies sich als lehrreicher als gedacht. Mittlerweile stürmte und regnete es in Strömen und die Dunkelheit legte sich langsam über die Burg. Da auch die letzte Pommesbude auf der Wartburg schon Feierabend gemacht hatte und die Vorstellung, in diesem Unwetter eingepfercht im Bus zu hocken, uns eher verstimmte, trauten wir uns trotz unserer wenig bis mäßig eleganten Outdoorklamotten ins Sternerestaurant Landgrafenstube hinein. Dort überraschte uns der Oberkellner mit einem:»Wir sind ausgebucht.« (Restaurant bis auf wenige Ausnahmen menschenleer.) Wir fragten, ob wir zumindest etwas trinken dürften, und bekamen mit gönnerhafter Gestik einen Stehtisch im Eck zugewiesen. Immerhin. Warm, trocken, windstill und um uns herum gediegene Geschäftigkeit des livrierten Personals bei der Vorbereitung auf den Abend. Von Gästen nach wie vor wenig zu erspähen. Dann kommt wer hereingeweht, vom Wind zerzaust, aber vornehm gekleidet. Man wolle den *Messias* von Händel hören, der heute Abend auf der Burg gegeben werde, dürfe man bleiben? Der Oberkellner beharrt auf seiner ganz individuellen Interpretation der Buchungslage:»Wir sind voll belegt, meine Herrschaften, sehen Sie ja.« Die Leute schimpfen, gehen aber tatsächlich wieder raus. Eine Frau kommt rein, allein, der Oberkellner wieder oberhart. Ich flüstere ihr zu:»Setzen Sie sich doch unauffällig zu uns an den Stehtisch, ist doch viel zu kalt draußen.« Die Frau setzt sich, wir kommen ins Gespräch und es stellt sich heraus, dass sie auch oft in ihrem Bus übernachtet. Unser T3 war ihr daher zwischen all den dunklen Limousinen und der Übermacht der »weißen Ware« auf dem Parkplatz sofort aufgefallen. Sie stellt sich als Puppenspielerin vor, die mit ihrem Programm durch ganz Deutschland tourt.»Kommt doch vorbei, wenn ihr in Kassel seid. Ihr könnt bei mir wohnen. Ihr bekommt ein Bett und eine warme Dusche.« Unsere erste offizielle Einladung! Wir sind gerührt. Abends landen wir dann noch stillvergnügt mit unserem vollgepackten Minimobil über die Backsteine ruckelnd in Eisenach in einem Gasthof. Thüringer Klöße und gut bürgerliche Kost, bezahlbar, lecker, das Bufett wird nach Tellern abgerechnet.»Ich guck auch nicht so genau hin, ob ihr euch ›eenen‹ Teller teilt«, sagte die nette Bedienung zu den Kindern.»Was ist heute bloß los mit den Leuten?« Wir fangen an, unserer Umgebung mit größtem Vertrauen zu begegnen.

Am nächsten Morgen lieferten wir dann auf dem Stellplatz Busladungen voller erstaunten Burgbesucher aus aller Welt Einblicke in den deutschen Sittenkanon. Da hockte also eine Familie vor einem kleinen grünen Bus, Wasserkanister und Schuhe vor der Tür, Zahnbürsten im Mund, Kochgeschirr auf dem Boden, der Hund knabberte am Knochen. Wir waren *die* Attraktion, man munkelte und fotografierte hinter vorgehaltener Hand. Und wir machten es für die busweise angekarrten Menschenladungen sogar noch eindrucksvoller, da wir, mit Spül- und Trockentüchern bestückt, in den Waschbecken der öffentlichen Sanitäranlagen unser Frühstücksgeschirr wuschen. An diese Art von Blicken mussten wir uns allerdings erst langsam gewöhnen. Das fühlte sich schon leicht unangenehm an, wie Erwachsene uns taxierten und ihre Kinder am Mantel von uns fortzogen. So war das also, im VW-Bus unterwegs zu sein. #Vanlife, #realvanlife. Zum Abschied zahlten wir unser Ticket und winkten dem wohlwollenden Pförtner hinterher.

Um nur zehn Kilometer weiter östlich von Eisenach wieder magisch von der Straße gezogen zu werden. Wir steuerten nicht, wir ließen uns ziehen. Diesmal von unserem Magen. Silvios Imbissoase warb verheißungsvoll mit roter Schrift auf weißem Grund:»Hier: Thüringer Bratwurst«. Was uns prompt an unser Vorhaben erinnerte, möglichst überall lokale Spezialitäten zu kosten.»Fangen wir doch gleich damit an.« Der zu einer einfachen Bretterbude ausgebaute Imbisswagen wirkte großzügig im Vergleich zu unserem derzeitigen Zuhause. Insgesamt aber eher nicht wie der Nabel von Sachsen. Drinnen nickte uns Silvio aus seiner schwarzen Bomberjacke zu, die Ellenbogen auf die Theke gelehnt.»Fünfmal Thüringer, bitte.«

Andi, die Kinder und ich hatten auf der gemütlichen Eckbank Platz genommen, Plastikpalmen, Kunstblumen und Aschenbecher um uns herum. Ein Paar saß in seine übergroßen Jacken eingemummt über seinen Bratwürsten, ein Mann mit Cappy lehnte am Stehtisch und orderte Currywurst. An der Wand ein gerahmtes DIN-A4-Blatt: »Ob im Süden, Osten, Westen, unsere Bratwurst schmeckt am besten.«

Während Silvio unsere Lokaldelikatessen auf dem Holzkohlegrill zubereitete, kam eine aufgeregte junge Frau herein und fragte mit tränenerstickter Stimme in die Runde:»Wo ist denn die nächste Tankstelle?« Silvio, von hinten rufend:»In Eisenach.« Die Frau antwortete: »Wie weit ist das ungefähr?« – »Zehn Kilometer etwa.« Die Frau ging wieder raus, um keine Minute später wieder in der Tür zu stehen, diesmal mit Tränen, die ihr über die Wangen rollen:»Wir kommen aus Polen, waren auf einer Beerdigung, wir sind nicht von hier, wir wohnen in Heidelberg. Also, wir sind nicht von hier.« Mann am Stehtisch:»Was ist denn los?«–»Wir haben kein Benzin mehr«.–»Ach, gar keins mehr, Wagen leer gefahren? Dann fahre ich Sie gleich zur Tanke.« Ein Gespräch zwischen den Gästen entspinnt sich, wer wo schon alles liegen geblieben ist. Die Frau weinend:»Es gibt keine Freundlichkeit mehr auf der Welt.« Silvio:»Aber der Toni will Sie doch fahren.« Die Frau schluchzt:»Aber ich meine ja nur, in der Stadt jedenfalls nicht, hier vielleicht.« Toni am Stehtisch:»Ich ess nur noch kurz meine Currywurst, dann fahre ich Sie doch.« Die Frau außer sich:»Es sind immer die Männer schuld. Ich hab meinem Mann gleich gesagt, dass er früher tanken soll. Jetzt stehen wir hier und kennen keinen und … (*schluchzt*) es gibt keine Freundlichkeit mehr auf der Welt.« Toni steht auf, sagt zu Silvio:»Mach mir schon mal 'ne zweite Currywurst, ich komm' gleich wieder, ich bring nur die Leute kurz zur Tankstelle.«

Über mangelnde Unterhaltung bei der lokalen Thüringer brauchten wir uns also nicht zu beklagen. Die Wurst bei Silvio speicherten wir als Delikatesse ab und markierten den Ort auf Google Maps in unserer Rubrik »Lecker.«

Weiter nach Weimar. Nur ein paar Tage auf der Straße und wir hatten Sehnsucht nach einer Oase, und wenn die gerade nicht zu haben wäre, dann würden wir uns eben mit einem einfachen Campingplatz zufriedengeben. In Ettersburg, unweit von Weimar, fanden wird dann Zweiteres. Bad Camping – kein anderer Camper weit und breit, und das an einem trüben Oktobertag. Ein gelber Sitzrasenmäher steigerte zumindest für Paul den Reiz des Ortes um einige Punkte auf seiner nach oben offenen Campingplatzskala. Das alte Ettersburg, eine dörfliche Ansammlung von Fachwerkgehöften, stellte sich am Folgetag als Vorfeld zum Schloss Ettersburg heraus. Wir spazierten über die leere, mit Pflastersteinen gesäumte Straße zum Schloss hinaus. Hielten den missbilligenden Blicken stand, als Paul einen Apfel unter einem Zaun hindurch zu klauben versuchte. Und winkten den Alten zu, die hinter den Gardinen zu uns herunterlugten. Wenn hier mal jemand entlangging, zehn Cent in den alten roten Kaugummiautomaten schmiss und eine alte Blechdose über die Pflastersteine schoss – dann war das Grund genug für einen verstohlenen Blick nach draußen. Könnte ja wer kommen, den man nicht kennt.

Das Schloss stellte sich als Prachtschloss heraus, in dem so ziemlich alle, die in Weimar zur Hautevolee gehört hatten, ihren Spaß gehabt zu haben schienen: Gräfin Anna Amalia lud Goethe, Herder, Wieland ein, man musizierte, las, disputierte und lustwandelte durch den englischen Park der Anlage. Jahrhundertealte Buchen und Eichen – wen interessierte schon Goethe und Schiller und deren Eskapaden –, nichts wie rauf auf die Äste, klettern durch die Vergangenheit.

Die Stimmung änderte sich, als wir Paul, Fannie und Liv erzählten, was jenseits des perfekt angelegten Parks passiert war. Was sich dort hinten im Wald zugetragen hatte: Im Konzentrationslager Buchenwald, abgeschirmt und tief vergraben, waren Menschen aus ganz Europa kaserniert, zur Arbeit gezwungen, umgebracht worden. Wie erklärt man das seinen Kindern? Wie geht man damit um? Wir kamen genau bis zum Eingangstor der Gedenkstätte, saßen davor, blickten hinein. Mehr ging nicht. Mehr war nicht zumutbar. Die Kinder zeigten uns, bis wohin sie diese Wahrheit aushalten konnten.

Später entspann sich ein Gespräch. Dass es so viele Zugezogene gäbe, im Neubaugebiet, dort drüben, die mit den Alteingesessenen nichts zu tun haben wollten. Dass das ehemalige Freibad, auf dessen Grund der Campingplatz aufgebaut worden war, nach der Wende nicht wirtschaftlich gewesen sei. Dass Deutschland »überfremdet« werde. Dass Europaabgeordnete zu viel verdienen. Dass die AfD eine ganz normale Partei für ganz normale besorgte Bürger sei. Und überhaupt, so viele Fremde. Dieses Gespräch führten wir direkt neben dem ehemaligen Konzentrationslager Buchenwald. Ja, lernen wir Nachgeborenen denn gar nichts dazu? Wie viele Ausländer es denn hier im Ort gebe, fragte ich. »Keine«, hier wolle ja keiner hin, hieß es. Aha.

Wir fuhren weiter nach Weimar, stellten uns zwischen weiße Riesen. Kaum einen Meter Abstand zueinander, hätten wir uns mit unserem kleinen grünen Bulli nicht fremder fühlen können. Gab's hier irgendwo eine Ü60-Übernachtungsparty? Ach nein, das war ganz normales Campinggefühl auf Deutschlands Stellplätzen. Doch gleich nach unserer Ankunft versorgten uns die Nachbarn schon mit Bier und Schnaps. Die Alten waren deutlich cooler, als ihre Schlitten vermuten ließen. Und schon waren wir nicht mehr fremd! So einfach kann das sein. Sollten wir mal in Ettersburg vorschlagen, aber da will ja keiner hin. Liv war kaum ein paar Minuten später in eines der modernen Reisemobile verschwunden, wo wir sie, eingemummelt in florweichen Decken tief im Ledersessel unserer Nachbarn vergraben, vorm dicken Flatscreen wiederfanden. »Mama, hier ist es so gemütlich, warum haben wir denn kein Wohnmobil?« – »Äh, könnten wir das ein anderes Mal besprechen.«

Im Schwimmbad nebenan war nichts los. Da wir nach Tagen unterwegs ohnehin reif waren für eine Einheit Reinlichkeit, beschlossen wir, im Schwanseebad direkt das ganz große Rad zu drehen und in die Sauna zu gehen. Und erlebten den Kontrapunkt zur Wartburg. Ganz ohne Übertreibung: Wenig später saßen wir nackt im Angesicht des Untergangs unserer Zivilisation. Dörfer, ganze Landstriche sterben aus. Das nehmen wir hin. Zu wenig Geld für Kindergärten, Schulen. Geschenkt. Autonomes Fahren, Pizzalieferung per Drohne, Nitrat im Grundwasser und Plastik im Fisch. Nun gut. Aber *das* hier musste der Schlusspunkt im Untergangsszenario sein. Verheißungsvoll hieß es im Eingang des Saunabereichs:»Jede halbe Stunde Aufguss, heute Latschenkiefer.« Wir fünf saßen also erwartungsvoll ein paar Minuten vor halb eins auf unseren Handtüchern und warteten auf das feierliche Zeremoniell und Höhepunkt eines jeden Saunabesuchs. Ich freute mich schon auf den Saunaboy, den Holzbottich in der einen, das Wedeltuch in der anderen Hand. Auf die Schöpfkelle, die das kühle Wasser über den glühenden Steinen zum Dampfen bringen würde. Auf das verschwitze Gesicht des Saunameisters nach dem zweiten Aufguss, auf die Ohs und Ahs, den Aufschrei vor dem dritten Aufguss, auf die glühenden Gesichter und die fast kollabierenden Leiber. Und was kam? Ein Blubbern aus dem Eck, ein zischendes Pfeifen, dann Dampf, der Aufstieg. Es wurde heiß, feucht, von irgendwo dann zumindest noch der Geruch von Wald. In der Stadt von Goethe und Schiller wurde der Saunaboy durch eine Wasserdampfmaschine ersetzt. Kulturell nicht zu unterbieten. Dafür wirtschaftlich. Kann der Hades schlimmer sein? Nur weg!

BEI FREUNDEN

Dreizehntes Kapitel, in dem wir das erste Mal bei Fremden vor der Tür stehen. Und von Freunden Abschied nehmen

31. Juli 2018, irgendwo zwischen Białowieża und Warschau

»Ist das heiß!« Die Einzige, die noch wach ist und mit hochrotem Kopf auf der Rückbank stöhnt, ist Liv. Paul und Fannie träumen, die Haare schweißnass auf der Stirn und die Köpfe schief auf die Körper gerutscht. Mähdrescher wirbeln die ausgetrocknete Erde auf. Wir lassen diesen Duft des Sommers durch unsere Körper strömen. »Livi, klag nicht, die Hitze hat auch was für sich. Gleich gibt's schon wieder ein Eiheis. Ich ziehe das Wörtchen »Eis« in die Länge und versetze es mit einer Art trällerndem Singsang in ein solches Sehnsuchtsziel, dass die gerade eben noch gefühlte Hitze unmittelbar darauf einer Dopamindusche Platz macht. »Aber du hast recht, ein wenig Abkühlung könnte uns allen schon guttun.«

Andi schaut konzentriert auf die Landstraße, auf die Fahrzeugkolonne vor uns und auf die, die uns entgegenfährt. Ein Auto reiht sich ans nächste. Willkommen in der Realität. Ein sehnsuchtsvoller Blick in die Rückspiegel – wir entfernen uns Kilometer für Kilometer, Minute für Minute von unserem großen Jahr.»Weißt du noch?« Andi schaut mich aus den Augenwinkeln an. »Als wir das allererste Mal Abschied genommen haben. In Dresden. Wann war das noch gleich? Das kommt mir so lange her vor.«

Dresden, Gohlis, 11.Oktober 2017

SMS an Margret.»Huhu Margret, wir sind on Tour, juchhe. Sei uns bitte nicht böse, dass wir uns so gar nicht gemeldet haben. Es war bis zum Schluss höllenstressig. Sag mal, morgen wollen wir weiter Richtung Sächsische Schweiz/Dresden ... Kennst du jemanden, bei dem wir in der Einfahrt kampieren können? Ein Anlaufpunkt ist immer nett ... Hoffe, es geht euch gut. Journey just started. Mo« [Pling]

Zwei Stunden später. Pling.»Versucht's mal hier: Eva und Ralph. Ich hab euch angekündigt. Liebe Grüße und viel Spaß. Margret.« Eindeutig: Wir haben einen Lauf!

Wieder zwei Stunden später stehen wir vor der Tür von Eva und Ralph und sind plötzlich nicht mehr ganz so mutig wie noch zuvor in der SMS. Bei wildfremden Leuten klingeln, die wir nur über eine (wenngleich sehr nette) Ecke kennen?»Wollen wir nicht lieber auf einen Campingplatz?«, fragen die Kinder?»Nein, jetzt hab ich uns angekündigt, jetzt ziehen wir das durch. Wer klingelt?« Antwort wie aus der Pistole geschossen und unisono:»Du!« Okay, dann einmal tief Luft holen und klingeln. Es ist auch für mich eine Überwindung, aus meiner Komfortzone herauszutreten und um etwas zu bitten, in

diesem Fall um eine Bleibe. Aber das muss ich mich jetzt trauen.
»Wo ist denn die Klingel?« – »Ich glaub, es gibt gar keine.« Wir drücken die schmiedeeiserne Türklinke herunter, öffnen das in eine grobe Sandsteinmauer eingelassene Eingangstor und treten in den schon im Dämmerlicht liegenden Innenhof eines uralten Bauerngehöfts. Rechts wie links zum Hof gehörende Wohngebäude, glatt verputzte Wände, Sprossenfenster, Spalierobst, letzte, in der nahenden Dunkelheit nur noch schemenhaft zu erkennende verblühende Stockrosen – dass Dresden so dörflich-urig sein kann, hätten wir nicht gedacht. »Wo wohnen die denn«, fragt Liv ungeduldig. »Keine Ahnung.« Ich versuche es an der Tür des rechten Gebäudes, aus dem hell das Licht nach draußen scheint. Eva und Ralph? Wohnen gegenüber, Blick nach links. Wieder Mut fassen, klingeln. Eine große Frau öffnet, lange glatte, blonde Haare. Eva. »Hallo, ihr Kölner. Herzlich willkommen. Kommt alle rein, bitte direkt durch in die Küche. Hund bitte auch. Es gibt Pizza für alle, nur nicht für den Hund.« Ralph kommt aus einer Tür dazu, etwas kleiner als Eva, kurze Haare. »Ach ja, wir haben Gäste. Konnte ich dir nicht mehr sagen, kam plötzlich«, sagt Eva an ihn gewandt. Ralph scheint sich nicht darüber zu wundern, dass aus seinem ruhigen Abend ein überfallartiger Einmarsch geworden ist, und begrüßt uns ebenfalls herzlich. So ganz langsam lässt zumindest meine Nervosität nach, die Kinder kleben allerdings noch an meinen Beinen fest. »Setzt euch, macht's euch gemütlich«, sagt Eva und platziert uns auch schon um den gedeckten Tisch herum.

Und dann beginnt unser Dresden. Und es wird genau so, wie wir es uns immer erträumt hatten: Es empfangen uns offene Herzen und wache Geister. Und wir kommen ganz nah ran an Themen, mit denen wir als Touristen nur schwer in Berührung gekommen wären: das Elbehochwasser und die grassierende Fremdenfeindlichkeit in der Stadt. Aber erst einmal zeigt uns Eva das Haus und macht uns das Bett im Wohnzimmer. Tisch und Stühle werden kurzerhand zur Seite gerückt und bleiben zusammengeräumt die nächsten fünf Tage am Fenster stehen. So lange dauert es, bis wir uns wieder von Dresden und der Gastfreundlichkeit, die uns überwältigt, trennen können. Denn Eva und Ralph vertrauen uns am nächsten Morgen ganz selbstverständlich ihr Haus an: »Wir müssen zur Arbeit, bis heute Abend.« Und schon sind sie aus der Tür.

Wenig später machen wir einen Spaziergang im Viertel. Hoch über unseren Köpfen, an der Fassade des Hauses von Ralph und Eva und an den Häusern sämtlicher Nachbarn in diesem kleinen Dresdner Vorort Gohlis, entdecken wir kleine Sandsteintafeln. Sie erinnern die Bewohner täglich an ein Ereignis, das für die meisten Nichtdresdner schon längst wieder in Vergessenheit geraten ist: das Jahrhunderthochwasser an der Elbe im Jahr 2002. »Fünfzehn Jahre zuvor, und ihr hättet hier im Wohnzimmer tauchen können«, lacht Eva heute. Damals war weder ihr noch irgendeinem ihrer Nachbarn nach Lachen zumute, denn ihre Häuser wurden von der langsam, aber unaufhaltsam ansteigenden Elbe überflutet. Aufgrund des stetig steigenden Pegels der Weißeritz, einem Nebenfluss der Elbe, der aus dem Erzgebirge kommend in Freital in der vorangegangenen Nacht massive Zerstörungen angerichtet hatte, wurde das ehemalige Fischerdorf Gohlis durch den Bundesgrenzschutz zügig evakuiert und Notunterkünfte in Turnhallen für die Bewohner bereitgestellt. Die Warnung kam spät und ließ gerade noch Zeit, ein Piano, den Laptop und ein paar persönliche Dokumente zu retten. Von der Wucht, dem Ausmaß, den Auswirkungen des Ereignisses allerdings wurde die Familie völlig hinweggespült. Von da an war alles ungewiss. Ihre gesamte Habe war von einem Moment auf den anderen durchweicht, das Haus ein Pool. Wir sitzen im Dachgeschoss des kleinen Häuschens und schauen Hochwasserbilder auf dem Flachbildschirm. Mit jedem Foto können wir das Ausmaß besser begreifen. Tag für Tag hatte es in diesem August 2002 geregnet, und kein Ende war in Sicht. Die Welt schien sich aufzulösen. Und ein Fluss nach dem anderen ging über die Ufer, ganz Sachsen kam einer Seenlandschaft gleich. »Weißt du, was das Erstaunlichste war?«, fragt Ralph und schaut uns an, um die Antwort gleich selbst zu geben. »Das Erstaunlichste war die ungeheure Hilfsbereitschaft.« Wildfremde Menschen kamen aus ganz Deutschland, um zu helfen. Nachbarn, deren Häuser verschont geblieben waren, schnappten sich Besen und Schaufeln und kehrten und schaufelten und wischten wochenlang. »Wie es für uns nach der Evakuierung weitergehen sollte, darüber hatten wir noch gar nicht nachdenken können, da boten die Eltern einer Schulfreundin unserer Tochter Obdach für unsere vierköpfige Familie an – bis das mit dem Hochwasser vorbei sei, so ein bis zwei Wochen«, sagt Ralph.

Ganze eineinhalb Jahre Notunterkunft sind daraus geworden – »und eine tolle Freundschaft«, ergänzt Eva. Von ihrer neuen Bleibe aus konnte die Familie zwei Tage später zuschauen, wie ihr Haus zu einer kleinen Insel in einer weitläufigen Seenlandschaft wurde. Das Erdgeschoss mit einer Deckenhöhe von zwei Meter siebzig inklusive Holzbalkendecke zum Obergeschoss war komplett geflutet. »Stellt euch vor«, erzählt Ralph, »eines Tages stand ein Mann auf dem Hof und beobachtete das Treiben, als wir mit vielen Freunden und noch mehr Unbekannten gemeinsam den Hof räumten, dabei riesige Abfallberge auftürmten und versuchten, Brauchbares vom stinkenden Schlamm der Elbe zu befreien. Er erklärte, er sei eigentlich auf dem Weg, um Spenden aus seiner Heimatgemeinde in Norddeutschland für die Semperoper zu bringen – aber jetzt möchte er gerne hier Hilfe leisten.« In dem überreichten Briefumschlag steckte Geld, das Ralph und Eva tatsächlich dringend zur Sanierung des kleinen Fachwerkhauses brauchten.

»Das war, als ob eine zweite Welle durch Deutschland ging«, sagt Eva und scheint es immer noch nicht fassen zu können. Zweimal wurde der kleine Hof überflutet, seitdem die beiden dessen Besitzer sind. Nach dem Jahr 2002 traf es das Anwesen auch beim Elbehochwasser 2013. »Dieses Mal waren wir besser vorbereitet«, sagt Eva. Alles, was transportabel war, hatten die beiden in Sicherheit gebracht, inklusive Holzfußboden, der nach der ersten Komplettsanierung so konstruiert war, dass er in tragbare Teile zerlegt werden konnte. Jetzt allerdings darf kein Hochwasser mehr kommen, die Versicherung hat die Police gekündigt, das Risiko so direkt neben der Elbe ist ihr zu hoch. Ralph und Eva tragen die Entscheidung mit Fassung, sie versuchen, mit der Unberechenbarkeit des Flusses zu leben. Sie hoffen auf einen neuen, höheren Deich und eine Flutschutzmauer, die die Anrainer der Elbe künftig vor derartigen Ereignissen schützen sollen.

Die Elbauen bei Gohlis sind aber auch zu schön. Dieser Ort hat eine Magie, die man kaum wieder verlassen will. Still, breit, majestätisch zieht das Wasser des Flusses an den baumbestandenen Auen vorbei. Linden wiegen sich im Wind. Dort hinten ein Schiff. Nebel liegt über den Wiesen, früh am Morgen. Wir stehen mit unserem Bus in der Aue, trinken den ersten Kaffee bei Sonnenaufgang, betrachten die Kunstwerke der Spinnen im tief stehenden Licht. Ein Zauber liegt auf diesem Tal. Aus dieser Landschaft würde ich auch nicht wieder weg wollen, wenn ich hier sesshaft wäre.

Von den Elbauen aus erobern wir das barocke, das monumentale, das hippe und das unerwartete Dresden. Wir lassen uns einfangen vom herbstlichen Flair einer Metropole und genießen es, mit unserem T3 in die Stadt vorzustoßen, um abends wieder heimzufahren zu Eva und Ralph. Zwischen diesen beiden Welten lassen wir die Touris in uns raushängen. Genießen es, an jeder Ecke auf Prunk und Pomp zu stoßen, und gestalten mit unseren Kindern unser ganz individuelles Freizeitprogramm. Mit Abenteuerspielplatz an der Baluschkestraße, dem Verkehrsmuseum, natürlich einer Stadtrundfahrt, einmal hoch und runter mit der Schwebebahn, dazwischen einem Eis bei Willy Vanilli, und abends einer Nachtwächterwanderung mit Gruselgeschichten und Histörchen. Wir lassen einfach nichts aus. Nur noch Schloss Moritzburg und der wohl niemandem passende Schuh des Aschenbrödels und die aufwendig restaurierte Frauenkirche auf dem Dresdner Neumarkt und wir haben keine Aufnahmekapazitäten mehr. Ganz zuletzt dann mal wieder in ein Schwimmbad, das Georg-Arnold-Bad, in dessen 25-Meter-Bahn Liv zwölf ganze Schwimmzüge hintereinander schafft. Rekord. Die Kinder lernen jeden Tag etwas dazu.

Abends sitzen wir mit Eva und Ralph und deren Freunden im Garten, das Feuer prasselt in der Nacht.

Wir reden über Pegida, die Macht der Lauttönenden. Hier die schweigende Masse, dort die Grölenden. »Lügenpresse« schallt es auch in diesem Herbst durch die Dresdner Altstadt. Längst sind die Hochphasen der »Patriotischen Europäer gegen die Islamisierung des Abendlandes« vorüber, aber auch jetzt gehen noch drei- bis viertausend Menschen regelmäßig auf die Straße, um der ihrer Auffassung nach überhandnehmenden Überfremdung in Deutschland Einhalt zu gebieten. »Wir sind das Volk« skandieren sie und beziehen sich damit auf eine Revolution, die in Deutschland das Wunder einer friedlichen Wiedervereinigung bewirkte.

Die Kühle kriecht uns unter die Haut und ermahnt uns, dass dieser Teil der Reise ein Ende haben muss. Der Winter kündigt sich machtvoll an. Wir müssen weiter. Nun wissen wir, was uns an dieser Reise schwerfallen wird: Abschied nehmen. Wir sind seit fünf Tagen in Dresden – und aus Leuten, die wir am Donnerstag das erste Mal gesehen haben, sind schon fast etwas wie Freunde geworden. Wir umarmen uns, versprechen, uns gegenseitig zu besuchen, und tuckern mit unserem Bus Richtung Süden. Wohin genau? Wir wissen es nicht!

SORRY, JETZT SIND WIR UNTERWEGS

Vierzehntes Kapitel, in dem wir in Tschechien einen Moment über Geld nachdenken müssen

Ein paar Tage später, auf der Autobahn

So richtig auf Reisen fühlen wir uns dann aber trotz unserer Deutschland-Tingelei erst, als wir über die nur noch auf einem Schild aus den Augenwinkeln erkennbare Grenze fahren. Wir singen. Vor Freude. Da klingelt mein Telefon. »Werkstatt« steht auf dem Display. Ein munter klingender Werkstattleiter meldet sich mit der Botschaft, wir könnten unser Wohnmobil abholen. Wir antworten, dass wir gerade in Tschechien seien und nicht wegen des Wohnmobils zurückkehren werden. »Ach ja, die Reparatur wird um die elftausend Euro kosten«, höre ich aus dem Hörer. »Okay«, antworte ich und beginne zeitgleich, unsere Finanzen durchzurechnen. Diesen Posten hatten wir definitiv nicht eingeplant. Ein paar Kilometer weiter versuchen wir, das Gespräch zu verdrängen. Und singen weiter.

Abreise. Endlich richtig auf Tour. Unser »Tag der großen Freiheit«, 4. Oktober 2017.

To Dos!

Mit der Schule reden!
Schulpflicht – wie machen das andere?
– Kontakt aufnehmen?
– Wohnsitz abmelden?
– Welche Lösungen gibt es!

Wohin wollen wir reisen? – Route
Wie viel Geld brauchen wir? Wieviel haben wir!
Wo können wir sparen – Ausgaben checken!
Abos kündigen!
Einnahmen – unterwegs arbeiten möglich?
– Kinder, Texte, Haus vermieten!

Mit Großeltern sprechen.   [Was muss mit?
                             Packliste!?]

Pässe – Führerschein – alles aktuell!

impfen, Medikamente, Reiseapotheke

Steuerberater – mal sehen, was der sagt!

Versicherungen: Krankenversicherung – gilt die
auch auf Langzeitreise?
Auslandskrankenversicherg – Kosten.

(Hund: impfen nötig, wo darf man nicht hin?)
Wohnmobil oder Wohnwagen? Wie teuer?

Am Anfang stand eine To-do-Liste. Die wesentlichen Punkte darauf: Schule, Route, Finanzen, Gepäck.

Vor der Reise verkaufen die Kinder auf dem Lenauplatz Spielsachen, Juli 2017.

Die letzten Tage vor der Hausübergabe. Kisten und Kästen überall.

Das Wohnmobil in der Werkstatt. Und kein Ende in Sicht.

Tarrraaaa. Unser Bulli nach Wochen des Zimmerns, Nähens und Fahrbar-Machens.

Unser Gepäck. Kaum zu glauben, dass wir das alles im Bulli untergebracht haben.

Hier waren Deutschland und
Europa bis zum 9. Dezember 1989
um 16 Uhr geteilt.

Unsere erste »Grenze«. Geschichtsunterricht unterwegs, Oktober 2017.

Allein unter Wohnmobilen, Oktober 2017. Wir wurden freundlich aufgenommen.

Frühmorgens im Oktober 2017 an der Elbe.

Lerneinheiten im Bus.

Live-Geschichtseinheit in Pompeji, Mai 2018.

Endlich am Meer. Montenegro, November 2017.

Albanien, Heuernte, November 2017.

Klein und groß. In jedem dieser Gefährte waren fünf Menschen auf Europatour.

Sonnenuntergang in der Bucht von Likodimou auf Kythera.

Winterstürme auf Kythera, Januar 2018.

Abendstimmung in der Nähe von Åmli, Norwegen.

Der Buarbreen gehört zum Folgefonna, dem drittgrößten Festlandsgletscher Norwegens.

Paddeln auf der Nidelva, Juni 2018.

Sommeridyll in Schweden, Juli 2018.

Eines der wenigen Bilder von uns allen – Rückreise, Finnland, Juli 2018.

Wieder zu Hause. Am Tag nach unserer Ankunft wurde Liv eingeschult. Mit im Bild Oma Resi, die sehr glücklich war, dass wir wieder daheim waren.

IM CLUB DER BLAUEN BÄNDER

Fünfzehntes Kapitel, in dem wir in Budapest über Europa nachdenken

31. Juli 2018, Rückweg

Je näher wir auf unserer Fahrt durch Polen an Warschau herankommen, desto vertrauter erscheint uns das Bild. Undefinierbare Industriegebiete, graue Gewerbeflächen, geschmacklose Megamalls, eckige Wohnsilos – Tristesse, so weit das Auge reicht. Eine Antiidylle aus Beton und Stahl umfängt uns, nachdem wir die letzten Monate in die Natur versunken waren. Immer wenn wir uns europäischen Städten aus der Entfernung genähert haben, waren wir fast sprachlos ob dieser vor uns ausgebreiteten, menschgemachten Scheußlichkeit. Statt rotem Teppich grau in grau. Man muss schon tiefer eintauchen in Metropolen, um auf Lebendiges zu stoßen. Oder sich mit IKEA, McDonald's oder Decathlon trösten. Denn da sind sich alle einig, Billy, das freie WLAN und Hallen voller Outdoorequipment geben dieser Trostlosigkeit doch noch einen irgendwie gearteten tieferen Sinn. So oder so, der Blick vom Seitenstreifen reicht meist nicht, um etwas zu entdecken.

»Wo kam noch mal meine Großmutter her?«, frage ich in das anhaltende staunende Schweigen hinein? »Das musst du doch wissen, war doch deine Großmutter«, kommt es ziemlich richtig von der Rückbank zurück. Ich überlege, versuche mir die kleine Wohnung meiner Großmutter in Köln vorzustellen, direkt neben dem bunten Hochhaus, das ich als Kind so unvorstellbar groß fand und in dem wir stundenlang mit dem Aufzug hoch und runter gefahren sind. Mir kommt der Fransenteppich mit den bordeauxroten Pferden in den Sinn, der an der Wand der kleinen Essküche hing. Ich denke an die dreihundert Mark, die Oma meinem Vater an jedem Ersten des Monats zusteckte, für die Familie. An ihren, wie ich als Kind fand, komischen Akzent, ihren eigenwilligen Zwiebellook, in den sie sich hüllte, wenn es kalt wurde. Diese Oma war für uns Kinder anders. Sie sprach anders, kochte anders, alles in dieser kleinen Wohnung roch anders als daheim. Meine Großmutter kam aus Polen, irgendwo bei Posen muss das gewesen sein. Ich kann sie nicht mehr fragen, wo sie herkam, sie ist schon lange tot. Meinen Vater leider auch nicht, der begleitet seine Mutter auch schon lange im Reich der Toten. Mit ihnen ist die Vergangenheit vergangen. »Ich rufe meinen Onkel Willi an, den zweiten Sohn meiner Großmutter, vielleicht kann der sich erinnern«, sage ich zu den Kindern. Onkel Willi, auch schon achtzig, meint: »Monika, ming Jeheens is uch net mehr, wat et mo wor. Froch ens ding Mutter, vielleisch weiß die jet.« (Frei übersetzt: »Monika, mein Gehirn ist auch nur noch eine träge Masse, frag mal deine Mutter, die ist doch mit ihren 86 Jahren noch gut beieinander.«) Das scheints etwas durchlässige Gehirn von Onkel Willi war uns also auch keine große Hilfe bei der Recherche. Kurz hinter Warschau rufe ich meine

Mutter an, hoffe auf die Funktionsfähigkeit ihres limbi-
schen Systems, frage, ob sie sich an irgendeine Äußerung
von Oma erinnern kann, die einen Hinweis darauf gibt,
wo sie herkam. Und tatsächlich, da bewegt sich was:»Obra
hieß der Fluss, an dem sie wohnte. Und ich meine, das
Dorf, von dem sie immer erzählt hat, hieß Woychehovo.
Oder so ähnlich. Gänse gehütet hat sie wohl immer,
davon hat sie oft gesprochen. Und schön war das Dorf,
so hat sie immer berichtet.« Vielleicht finde ich dieses
Woychehovo ja auf Google Maps und wir machen noch
einen Zwischenstopp. Ich tauche ab in mein mobiles
Büro, Laptop auf den Knien, WLAN-Router vor der Front-
scheibe und Stromwandler an den Füßen, und suche auf
Google Maps jeden Zentimeter rund um Posen ab. Endlich finde ich einen Ort, der es sein muss: Wojciechowo,
anders geschrieben, aber das ist er eindeutig. Ich finde
Fotos im Netz, eine Facebookseite der freiwilligen Feuer-
wehr: Der kleine Ort scheint wirklich idyllisch zu sein.

In die Suche hinein hört man Livs Gedanken rattern:
»Deine Oma ist unsere Uroma, oder? Warum kam die
denn eigentlich aus Polen?« – »Ja, eure Uroma. Sie kam
aus dem heutigen Polen. 1901, als sie geboren wurde, gehörte das Gebiet noch zum sogenannten ›Deutschen
Reich‹. Ich erinnere mich an sie, aber sie ist schon seit
dreißig Jahren tot. Was ich weiß, ist, dass sie vor heute
116 Jahren geboren wurde und in einer Zeit groß geworden ist, die mit unserer rein gar nichts mehr zu tun hat.
Wojciechowo gehörte damals zur Provinz Posen. Es gab
in ihrer Kindheit kein Internet, kein Google Maps, keinen Touchscreen, keinen McDonald's und kein Amazon;
niemand machte damals Sabbaticals oder Workouts, die
Leute waren froh, wenn sie Arbeit hatten, um damit ihr
Essen zu verdienen. Kika und KiRaKa gab's übrigens

auch nicht, weil weder Fernseher noch Radio erfunden waren, als Oma auf die Welt kam.« Andächtiges Schweigen im Fonds. »Gab's denn schon Radio und Autos, als du geboren wurdest, Mama?« Ich versuche, die Frage nicht persönlich zu nehmen und gehe völlig unpädagogisch darüber hinweg. Stattdessen setze ich meine Ausführungen zu Omas Leben zu Beginn des 20. Jahrhunderts fort. Kaiserzeit, Erster Weltkrieg, Weimarer Republik, Hitlerdeutschland, Zweiter Weltkrieg, ein irrer Sprint durch ein Jahrhundert mitten auf der Autobahn. »Als Oma meinen Papa bekommen hat, 1929, lebte sie schon in Köln. Mein Vater hat manchmal erzählt aus der Zeit des Zweiten Weltkriegs. Wie er und sein jüngerer Bruder Willi heimlich BBC-Nachrichten im Radio gehört und Willi, noch klein, die Erkennungsmusik des Senders auf der Straße vor sich hin gepfiffen habe. Und wie Nachbarn die Familie dann gewarnt haben, dass sie aufpassen müsse. Oma hatte Angst, weil sie als weniger deutsch galt, da sie aus Polen stammte.« – »Warum musste man denn dann Angst haben?«, fragt Fannie. »Weil das eine Zeit war, in der man in Deutschland allein durch sein ›Deutschsein‹ schon als besser galt als der Rest der Menschen. Alle anderen galten als weniger wert. Der ganze Staat war damals auf Unterdrückung und Angst aufgebaut. Informationsfreiheit gab es nur im Propagandaministerium. Oma musste Angst haben, in ein Lager deportiert zu werden, so eines wie Buchenwald, das wir uns von außen angeschaut haben. Erinnert ihr euch? Überall waren Grenzen und hinter diesen Grenzen steckten für die damalige Regierung Feinde. Kein Gedanke an ein freies Europa. Das Europa meiner Großmutter war ein Pulverfass aus Nationen, die sich feindlich gegenüberstanden.

Und Deutschland war ganz weit vorn dabei, sich über andere erhaben zu fühlen.«

Die hintere Sitzbank grübelt. Paul meint irgendwann: »Aber so anders ist es doch heute in Europa auch wieder nicht. Erinnert ihr euch an den riesigen Stacheldrahtzaun zwischen Ungarn und Serbien? Oder wie uns die Leute in Montenegro vor Albanern gewarnt haben?« – »Das stimmt«, antworte ich, »aber früher hätten wir nicht fast grenzenlos durch Europa reisen können, wir wären für eine freie Meinungsäußerung vielleicht im Gefängnis gelandet und es gab damals auch keine EU, die uns das Leben in manchen Dingen schwerer, in vielen aber leichter macht. Das Europa meiner Großmutter war ein Europa der Mauern und Zäune, zweier Kriege, die die ganze Welt überspannten; unser Europa ist das der Straßen ohne Grenzposten, das des Studierens in Spanien oder des Arbeitens in Schweden oder Frankreich. Es ist ein Europa der Freiheit und des Friedens. Und dieses Europa ist der beste Garant dafür, dass eine Zeit, wie die, in der Oma gelebt hat, sich nicht wiederholt.«

Budapest, 23. Oktober 2017, nachts

Der Regen schießt uns entgegen. Fast waagerecht drischt das Wasser auf unseren kleinen Bus ein. Die Scheibenwischer kommen der Masse nicht hinterher. Auf dem Display des Navis steht Griechenland als Ziel, Peloponnes. Doch bei diesem Unwetter werden wir bis dahin nicht kommen, so viel steht fest. Heute nicht, übermorgen nicht.

»Lass uns rausfahren«, sagt Andi, »ich kann nicht mehr.« Er setzt den Blinker, ich rufe Uli an, frage, ob er uns einen Campingplatz in Budapest raussuchen kann, wir haben so etwas von keinen Empfang. Eine halbe Stunde später fahren wir schon durch eine Villengegend der ungarischen Hauptstadt, landen auf dem Campingplatz Ave Natura im Westen der Stadt und sind erst einmal dankbar, einen Ort zu haben, an dem wir bleiben können. Der nächste Tag ist bitterkalt, doch wir nehmen uns vor, den Zwischenstopp als Fügung zu betrachten und trotz Wintereinbruch die Stadt zu entdecken. Paul und ich buchen eine Segway-Tour und fahren, der eine mehr, der andere weniger elegant, durch einen städtischen Park. Fannie, Liv und Andi nehmen die Seilbahn auf einen der Hügel, die Budapest umgeben. Und gemeinsam bestaunen wir später das vor uns liegende Labyrinth aus Häusern, Straßen und der Donau, die die Stadt in zwei Teile teilt, Buda und Pest. Wir fahren mit dem Bus in die Innenstadt. Als wir vor der Fischerbastei herumbasteln, um ein Handyfoto mit Bastei, aber ohne Reisegruppen aufzunehmen, treffen wir die Entscheidung, touristische Attraktionen nur noch vor Sonnenaufgang oder in der Nacht einen Besuch abzustatten. Es gibt offensichtlich bei Weitem mehr Touristen als Attraktionen auf dieser Welt.

Beim Rumstromern warten wir eigentlich auf ein Treffen mit Klára Landwehr. Am Abend des zweiten Tages in Budapest sitzen wir ihr dann alle gegenüber, im glitzernden fünften Bezirk im Starbucks, bei Kaffee und Cheesecake.

Klára Landwehr ist um die siebzig und wirkt mit ihrem mittellangen blonden Haar und den schicken Klamotten zwanzig Jahre jünger. Sie spricht ein beinahe akzentfreies Deutsch, sodass Fannie fragt:»Du kommst aber nicht von hier, oder?« Doch! Es stellt sich heraus, dass Klára in Budapest geboren wurde und im Alter von 21

Jahren nach München gezogen ist. Der Liebe wegen, wie das so oft ist. »Dort habe ich 35 Jahre mit meinem Mann gelebt und zwei Kinder großgezogen. Und wir haben schon in der Schule Deutsch gelernt. Ich hatte also lange Gelegenheit, die deutsche Sprache zu lernen.« Klára Landwehr, Ungarin mit einer Verbindung nach Deutschland, fühlt als Europäerin. Sie ist eine kritische, aber überzeugte Europäerin, die in Budapest die Veranstaltungen der proeuropäischen Organisation Pulse of Europe organisiert. Gerade vor zwei Monaten habe sie damit begonnen, sonntags ein Pulse-of-Europe-Treffen auf die Beine zu stellen. Noch kämen bloß zwanzig bis dreißig Leute, aber Klára hofft, dass sie mit der Zeit noch stärkeren Zuspruch bekommen wird.

Warum sie sich für Europa einsetze, fragen wir. Paul, Fannie und Liv löffeln ihre Cheesecakes und hören zu. »Ich mache das für meine Enkelkinder«, sagt Klára Landwehr. Für sie selbst sei es nicht mehr wichtig, wie die Welt sich entwickele, für ihre Enkel aber sehr wohl. »Und für euch auch«, sagt sie mit Blick auf Paul, Fannie und Liv. Die EU sei für alle Mitglieder wichtig, wirtschaftlich, aber sie sei auch ein Garant für Frieden. Wer nun aber denkt, Klára Landwehr würde deswegen ein Loblied auf die EU singen, der irrt. »Unsere Treffen beginnen zwar immer mit der Europahymne«, sagt die Organisatorin, »aber dann schreibt jeder auf einen Zettel, was er an der EU nicht gut findet.« Diese Zettel werden dann besprochen und nach Frankfurt zur Zentrale von Pulse of Europe geschickt.

Klára Landwehr setze sich für produktive Treffen ein, alles andere bringe in ihren Augen nichts. Was sie denn von Viktor Orbáns Politik halte, frage ich, von seinem Nationalismus, seinem Zaun, den er an der Grenze Serbien hat bauen lassen, um den Flüchtlingen den Weg zu verbarrikadieren. »Es ist nicht alles schlecht, was Orbán macht«, sagt Klára Landwehr. Und er habe großen Rückhalt in der Bevölkerung. Es sei nicht recht, dass man seine Nationalgefühle unterdrücken müsse, meint sie. Und: Es gebe eben einen Unterschied zwischen Nationalgefühl und Chauvinismus.

Klára Landwehr kritisiert die Politik der EU in Sachen Migrationspolitik. Jedes Land müsse selber entscheiden dürfen, wie viele Flüchtlinge es aufnehme. Zu der erstarkenden politischen Rechten in Europa meint sie, die Menschen seien eben enttäuscht von der Politik der Liberalen und Linken, sie wählten aus dieser Enttäuschung heraus. Warum, fragen wir sie, verbringe sie denn ihre Zeit für Pulse of Europe, um für die Europäische Union zu werben, wenn sie ihr in Fragen der Flüchtlingspolitik so kritisch gegenüberstehe und für mehr Souveränität des Nationalen eintrete. Die Kinder kauen mittlerweile gelangweilt auf ihren Trinkhalmen herum. »Weil«, so antwortet Klára Landwehr, »wir ohne die EU wirtschaftlich alle als Verlierer enden. Und weil die EU uns seit 72 Jahren Frieden geschenkt hat.« Sie sei das größte Friedenssicherungsprojekt in Europa und schon aus diesem Grunde wert, dass man für sie eintrete. Mit dieser Begründung können wir uns alle anfreunden.

Ich denke an das Europa der Kriege, das meine Großeltern erlebt haben, und das Europa unserer Kinder, durch das wir gerade mit unserem Bus unterwegs sind. »Fahrt vorsichtig«, verabschiedet uns Klára Landwehr. Und zu den Kindern sagt sie: »Ich finde es toll, was ihr schon in eurem Alter erleben dürft. Macht die Augen auf und besucht mich mal wieder und erzählt mir davon.« Zum Abschied schenkt sie jedem von uns noch ein blaues Armband von Pulse of Europe:»Jetzt gehört ihr auch zum Club der blauen Bänder in Europa.«

Wir sprechen noch über unsere Begegnung mit Klára, als wir unsere erste echte Grenze passieren, den monumentalen Flüchtlingszaun zu Serbien. Was genau ist eigentlich Europa? Wo fängt es an und wo hört es auf? Wer darf darin leben? Und wie organisiert man das Zusammenleben in diesem Gebilde? Wie viele Geflüchtete können wir in Europa aufnehmen? Was heißt Vielfalt und wie gehen wir damit um? Und bricht uns dieses Konstrukt für Frieden und Freiheit nicht bald auseinander, wenn Männer wie Orbán die EU verhöhnen. Diese Europäische Union ist die Garantie für ein»Nie wieder«, das nach dem Zweiten Weltkrieg und nach Auschwitz so präsent war. Und das heute in Vergessenheit zu geraten droht!

Es wird schon wieder Abend und wir haben uns an einer Seitenstraße im kroatischen Đakovo in eine Parklücke gequetscht, um zu übernachten, als wir endlich ein neues Thema aufwerfen:»Wo finden wir etwas zu essen und wie schaffen wir es, diesen kalten, nassen Abend herumzubringen, in einem Ort, wo wir Fremde sind?« Europa zum Anfassen für uns und unsere Kinder!

≫LEBEN, WIE WIR ES WOLLEN≪

Sechzehntes Kapitel, in dem wir in der ungarischen Puszta landen, bei Menschen, die ihr Leben selbst in die Hand genommen haben

31. Juli 2018, irgendwo westlich von Posen

Durch die ganzen Grübeleien über meine Verwandtschaft haben wir Wojciechowo links liegen gelassen, einfach dran vorbeigefahren, ohne es bemerkt zu haben. Der Geburtsort meiner Großmutter, er soll wohl eine Etappe auf einer neuen Reise werden. Erst spät am Abend, die Kinder schlafen längst auf der Rückbank, blicken uns plötzlich Pauls bernsteinfarbene Augen im Rückspiegel entgegen. Mit zerzaustem Haar und Knitterfalten im Gesicht gähnt er:»Mama, ich hab grad von Dominik und Esther in der Puszta geträumt.

26. Oktober bis Mitte November 2017, Kiskunmajsa, Ungarn

»Ich kenne da eine nette Familie in der Puszta. Ein Paar aus der Schweiz, das vor ein paar Jahren Land gekauft hat und eine Farm aufbaut. Die haben einen kleinen Jungen und freuen sich immer über Besuch. Ruft doch mal bei Dominik und Esther an und bestellt einen schönen Gruß von mir.« Unsere nächste Etappe beginnt mit einem Social-Media-Eintrag. Von einer Frau, die wir nicht persönlich kennen, die aber unsere Reise mitverfolgt. Total verrückt. Diesmal ist es also ein Facebook-Post, der unsere Richtung beeinflusst.

Wir rufen an, Dominik checkt unsere Website, hält uns offenbar für vertrauensvoll genug für einen Besuch und sagt uns zu. »Kommt vorbei. Wir holen euch in Csólyospálos ab, haltet an der Kirche.« Das passt uns gut. Nur fällt es uns zunehmend schwerer, unsere Ziele einigermaßen unfallfrei auszusprechen.

Spätabends ruckeln wir über löchrige Landstraßen und sind endlich, nur 130 Kilometer von der Glitzermetropole Budapest entfernt, in der tiefen Provinz gelandet. Da wollten wir hin. Wo kein Touri uns die Selfies vermasselt. Wo wir nicht anstehen müssen, um einen Blick auf Denkmäler zu erhaschen – das scheint sich zu einer Art Martial Art zu entwickeln: treten, stoßen, beißen, immer mit dem Handy in der Hand. Um uns herum nichts als Wälder und Felder, wie erholsam. Bordsteine haben längst aufgehört zu existieren, ganz selten durchblitzen Scheinwerfer die Dunkelheit. An der Kirche der kleinen Häuseransammlung steht Esther mit ihrem Cangoo, den blondgelockten Elia auf dem Arm. Wir begrüßen uns, Paul, Fannie und Liv schenken Elia einen Plüschlöwen, den wir als kleines Mitbringsel besorgt haben. Esther sagt: »Fahrt hinter mir her«, und schon preschen wir hinter ihr her durch die Nacht. Nach dem Ortsende bleibt von der Dunkelheit ein Nachtschwarz und die löchrige Landstraße wird zur Sandpiste. Wir klemmen uns an die Stoßstange des Cangoos, biegen ein paarmal ab, um schließlich mitten im gefühlten Nichts in eine Einfahrt einzubiegen. Die Kinder umwickeln wieder mal meinen Körper, aber dank Dominiks lockerer Art entspannen sie sich schnell. Ein Duft von Gebratenem und Gegartem durchweht den Garten, ein rußschwarzer Topf dampft über einem Holzfeuer und ein im Feuerschein flackernder Dominik begrüßt uns in seinem Schweizer Singsang. Mit dem deftigen ungarischen Gulasch, das er über dem Feuer für uns zubereitet hat, fällt die Anspannung vor dem Unbekannten gleich löffelweise von uns allen ab. Die Kinder quasseln kauend durcheinander und Tappi, die übermütig tapsige Vizsladame des Hofes, springt über Hügelbeete, schnüffelt der Verführung des Gulaschs hinterher, wird aber zu ihrem Leidwesen mit einem Klaps in die Schranken verwiesen. Elia klettert mit seinen zweieinhalb Jahren um die aus Paletten gezimmerten Sitzgelegenheiten herum, und ein paar Gläser später beginnen wir zu ahnen, dass diese Familie in der Puszta eine wichtige Station unserer Reise werden könnte.

Am nächsten Morgen betrachten wir aus unserem Bulli heraus das erste Mal unsere Umgebung: die schnurgeraden Pappeln, die die Einfahrt säumen, das kleine Holzhaus mit der Terrasse, der ausladende Walnussbaum, unter dessen letzten Blättern ein großer Tisch steht. »Kommt rein, wenn ihr wach werdet«, hatte Dominik uns eingeladen. Und so sitzen wir am nächsten Morgen vor Holzschalen am gedeckten Tisch und löffeln *Zabpehely mit Tej*. Haferflocken mit Milch soll in der nächsten Zeit zu unserem Standardfrühstück werden, und überhaupt wird sich auf der *Szabadság Tanya*, der »Farm der Freiheit«, viel um Essen drehen. *Jó élet Tanya* hätte auch gepasst, »die Farm des guten Lebens«. Jedenfalls scheint hier die Devise zu herrschen: »Wer gut leben will, der muss auch gut essen.« Nach dem Frühstück und dem ersten, zweiten, dritten Kaffee auf der Terrasse meint Esther, wir können doch mal schauen, was es für uns zu tun gibt. Es stellt sich heraus, dass die beiden ihre kleine Farm mithilfe von Freiwilligen bewirtschaften, die sie über Internetplattformen wie Workaway oder Woof finden. Wir sind also sozusagen über Nacht zu »Freiwilligen« geworden, die gegen Kost und Logis in der Landwirtschaft mithelfen. Ende Oktober, der Himmel blau und kalt, die Erde schon fast so weit, von der Ruhe des Winters zu träumen, wird ein Zaun zu unserem Projekt erkoren. Die Kinder buchen für sich gleich die Arbeit mit den Tieren und Fannie und Paul sind ab sofort für das tägliche Füttern der zwei Schweine zuständig, die dick und schwarz im Matsch buddeln und sich auf die Eimer voller Maisbrei stürzen, wenn die Kinder sie über ihnen ausschütten. Den Hühnern mögen sie bitte besondere Aufmerksamkeit schenken, weist Dominik sie ein, denn die haben in ihrem ganzen Hühnerleben noch nie ein Ei gelegt. Das soll sich mit der Pflege durch Paul und Fannie nun doch bitte endlich ändern. Liv sucht sich ihre Aufgabe selber – sie und Elia werden die nächsten Wochen gemeinsam den Hof durcheinanderwirbeln und uns alle auf Trapp halten.

Die *Szabadság Tanya* ist die Welt von Dominik und Esther und ihrem Sohn Elia. Auf einem halben Hektar Land, das noch vor ein paar Jahren verlassen war, auf dem kargen Sandboden der Puszta baut die Familie an ihrem Leben in Freiheit. Während sich die Puszta zusehends leert, ihr immer mehr Ungarn den Rücken kehren, weil sie mit ihr ein hartes, ein stilles Leben verbinden, haben sich die drei ihre Heimat darin eingerichtet.

142

Und von »hart und still« kann mit der Einkehr der drei Schweizer ohnehin nicht mehr die Rede sein. Da dröhnt Technomusik über die Ebene, und in der Nacht röhrt sogar ein Föhn, weil die Stille doch zu sehr in die Träume eindringt. Da kommen István und seine Frau Andrea mit gebratener Ente angefahren, die Nachbarin Gabriella bevölkert mit ihrer aus Budapest angereisten, blau getönten Teenagertochter die Eckbank des kleinen Hauses, und auch Alexander springt mit seinen vier Kindern vor der Veranda aus dem Wagen, um ein paar Worte mit den beiden zu wechseln. So ist Puszta, wenn Dominik und Esther in ihr leben.

Ob Elia hier zur Schule gehen wird, fragen wir. Die Antwort kommt klar und direkt: »Elia wird keine Schule besuchen. Er wird von der Gemeinschaft auf dem Hof erzogen werden und hier wird er lernen, was er zum Leben braucht. Er wird seine Talente entdecken und in irgendeiner Sache richtig gut werden.« Dazu brauche es keine Schule. Das Internet und die internationale Community um ihn herum würden ihn entdecken lassen, was er aus seinem Leben machen will. Es ist das erste Mal, dass wir mit dem Konzept des Unschooling in Berührung kommen. Und wir sind erst einmal ein wenig irritiert, denn »aus sich selbst heraus« und »ohne Schule« kommt uns doch recht subversiv vor.

Die Vormittagssonne wärmt Elia und Liv, die auf dem kleinen selbst angelegten Spielplatz geschickt über eine waagerecht liegende Leiter klettern und die Rutsche herunterrutschen.

Dominik schlägt die Pflöcke im Kreis um die Beete ein und Paul und Andi suchen passende Äste zusammen, um sie zwischen den Pflöcken zu verweben. Nach kurzer Zeit stehen alle nur noch in Sweatshirts da, denn die

Arbeit vertreibt den nahenden Winter. »Machen wir Mittag«, läutet Dominik schon wenig später die erste Pause ein und zaubert auf der einzigen Herdplatte in der Sommerküche hinter dem Haus, ein wenig eingegraben in die Erde, einen köstlichen Eintopf aus allem, was er findet: Kichererbsen, Bohnen und Tomaten, Kartoffeln, »selbst angebaut«, sagt er strahlend, dazu Schweinefleisch vom Vortag und allerlei Gewürze. Auf dem Tisch steht die Paprikapaste von Nachbar István, die in homöopathischer Dosierung verwendet werden will. Diese Chilimischung vermittelt im Sinne des Unschooling-Konzepts eine steile Lernkurve. Einmal eine Messerspitze zu viel davon, und es kommt garantiert zu keiner Wiederholung. Esther holt die tiefen Holzteller raus, die sie als eines der wenigen Überbleibsel aus ihrer Schweizer Heimat mitgebracht hat, und wir alle löffeln miteinander unser Mittagsmahl unter dem Walnussbaum in der Wintersonne.

Die beiden lehnen sich zurück, um von ihrem Leben in der ungarischen Puszta zu erzählen. »Was uns hier von unserer Vergangenheit in der Schweiz unterscheidet? Wir haben Zeit!«, sagt Esther und ist damit mittendrin in der Geschichte, die von Menschen handelt, die sich nicht mit Träumen zufriedengegeben haben.

Seit über vier Jahren leben Dominik und Esther auf diesem Fleckchen Land. Kein Navi führt an diesen Rand der Sandpiste und nur die Briefträgerin und Nachbarn und Freunde finden dieses Zuhause ohne Hilfsmittel. »Stimmt nicht«, sagt Esther, »da standen doch mal zwei Briten vor der Tür, die bei uns arbeiten wollten.« – »Ja, das war ein Ding«, antwortet Dominik. »Wie war das noch gleich? Ich glaube, die hatten den Mann der Postbotin getroffen und nach uns gefragt. Der hat mit seiner Frau telefoniert und sie dann hergebracht.« Kommen

Besucher oder freiwillige Helfer auf ihren Hof, so verabredet sich Esther normalerweise vor der Kirche in Csólyospálos mit ihnen.

Alles, was wir um uns herum sehen, haben Dominik und Esther mit ihren eigenen Händen aufgebaut. Anfangs haben sie im Zelt gelebt und zwölf Stunden gearbeitet, Tag für Tag. Fast zwei Jahre damit zugebracht, das Fundament des Hauses zu setzen, Lehmziegel zu formen, sie zu trocknen, Holz zu schneiden, das Haus damit aufzubauen, das Esther zuvor entworfen hat. Heute sagen sie, es war eine tolle Zeit. Zu spüren, wie viel Energie sie hatten und was diese Energie alles aus ihnen hervorbrachte. Und es sei extrem lehrreich gewesen, festzustellen, mit wie wenig man glücklich sein kann. Klein sollte das Haus sein, erklärt er, bescheiden, von allem bewusst wenig. Ein Wohn- und Essraum mit einem selbst gebauten Lehmofen, auf dem gekocht wird und der im Winter das ganze Haus wärmt. Dazu ein großer Holztisch mit der obligatorischen Eckbank, die Esthers Vater selbst getischlert zum neuen Zuhause beigesteuert hat. Ein kleiner Schlafraum, ein Zimmerchen für Elia, das meistens für die zahlreichen Volunteers genutzt wird. »Mir ist das Haus fast noch zu groß. Je weniger ich habe, desto freier fühle ich mich«, sagt Dominik.

Weniger haben, mehr sein, das war der eigentliche Grund, warum die beiden sich vor viereinhalb Jahren aus ihrer Schweizer Heimat verabschiedet haben. Aus der kleinen Stadtwohnung, ihren Jobs als Kaufmann und Bauzeichnerin, von den Pfadfindern, bei denen sie Gruppen geleitet haben, von ihrer Familie und ihren Freunden. Frei sein, so leben dürfen, wie sie leben wollen – als Familie, in der Natur, mit Zeit für das, was ihnen wichtig ist. Sie wollten kein Leben für die anderen führen, sagen

145

sie heute. Sie wollten Kinder kriegen und diese Kinder aufwachsen sehen. Sie wollten ihr eigenes Essen anbauen und lernen, auf und mit dem Land zu leben. Der Ort spielte für dieses Vorhaben nur eine untergeordnete Rolle. Sie suchten ein Plätzchen, das sie bezahlen konnten und das ihnen möglichst viele Freiheiten bieten würde. Die Puszta kam dann eher zufällig und erschien ihnen schon nach dem ersten Besuch verheißungsvoll. Kilometer um Kilometer flaches, fast menschenleeres Land, das die Ungarn zu mehr oder weniger symbolischen Preisen verkaufen, weil niemand mehr derart abgeschieden leben will. »Was wollt ihr bloß hier«, fragten ihre ungarischen Nachbarn, als sie hierherzogen. In diesem öden, leeren Land, wo es aussieht wie auf dem Mond? Die Ungarn wundern sich immer noch über all die Schweizer, Österreicher, Belgier, Deutsche und Engländer, die diese Weite zu ihrer Heimat machen. Denn Dominik und Esther sind nicht die Einzigen, die in dieser Landschaft ihr neues Zuhause gesucht haben. »Mittlerweile kommen sogar Ungarn«, lacht Dominik. Ein bunter Mix aus Ökobauern, Imkern, Pferdezüchtern, Käsemachern, Künstlern, Campanbietern, Freilernern und Freigeistern sitzt so regelmäßig auf den mitunter improvisierten Sitzmöglichkeiten der Freiheitsfarm. »Wir konnten damals gar nicht scheitern«, sagen die beiden im Nachhinein über ihren Neustart in Ungarn. »Aber wir hatten natürlich trotzdem erst mal Angst davor«, sagt Dominik. In Luft aufgelöst hatte sich die Angst, sobald sie mit ihrem vollgeladenen Kleinwagen in der Puszta gelandet waren. »Es war uns schnell klar, dass wir nichts verlieren können und uns jede kleine Erfahrung weiterbringt.«

Dominik und Paul bauen vor dem Gewächshaus gerade an einem Tisch und geben dem Holz mit der Flamme eines Bunsenbrenners den typisch ungarischen Look. Die beiden bewegen im Technorhythmus ihre Köpfe dazu, was aussieht wie der Wackeldackel auf der Rückbank meines Onkel Willis, früher, auf der Fahrt über die löchrigen Straßen Kölns. »Paul, ich brauch dich«, ruft Dominik, wenn der mal kurz zu mir rüberschlendert. Und »Dominik, jetzt ölen?«, fragt Paul, wenn er gerade nicht weiterweiß. Dominik nimmt Paul ernst, das spürt Paul und gibt sein Bestes.

Auch alle anderen werken rund um Haus und Garten. Es ist November und Esther kocht immer noch ein, verarbeitet Quitten zu Mus oder Gelee. Nachbarn bringen Birnen vorbei, und Esther kocht ein Kompott daraus. Gemeinsam schaffen wir es in den nächsten Wochen, die Hügelbeete zu umzäunen, und Fannie bringt noch ein paar Bäume in die Erde: Walnussbäume und Akazien, Maulbeer und Pfirsich. Alles, was den Boden bedeckt und zukünftig Ernte bringen kann, wird ausprobiert. Im Winter, wenn es draußen bis zu minus zwanzig Grad werden kann, kommt dann die Zeit zum Chillen, wie Dominik sagt. Dann wird noch ausgiebiger gespeist und es ist genügend Zeit, um Bücher zu lesen und Filme zu schauen. Die Fußballbundesliga wird dann noch intensiver analysiert als sonst. Dominik leidet in dieser Saison mit dem BVB, fast 1500 Kilometer vom Dortmunder Stadion entfernt in seinem Blockhaus, und hat jede Menge Strategien in petto, wie er dem Verein wieder zu Siegtoren verhelfen würde. Mit dem kommenden Frühjahr werden die beiden dann säen und pflanzen, vorziehen und wässern und ausprobieren, was auf dem kargen Boden wächst und was nicht. Im Sommer, bei oft vierzig Grad und brütender Sonne, graben sie sich dann ein Loch und baden.

Dominik und Esther hatten keinerlei Erfahrungen mit Landwirtschaft, als sie in die Puszta zogen. »Wir haben es halt gelernt«, sagen sie heute. Anregungen im Internet, Tipps von Freunden, Bücher, die ihnen halfen und immer wieder: einfach ausprobieren. »Wir versuchen, auf die Natur zu schauen. Warum säen sich an bestimmten Stellen Akazien aus, die ganz von selbst wachsen, und warum wachsen die nicht an, die ich an anderer Stelle setze?«, sagt Dominik.

Eine Woche später ist unsere kleine Gemeinschaft angewachsen. Vicky, eine Chinesin, die in Budapest studiert, um den Fittichen ihrer Eltern zu entkommen, will sich hier in Permakultur versuchen. Und »ach ja«, sagt Dominik zu Esther, »heute kommen noch eine Engländerin und eine Irin, die hatte ich fast vergessen.« Ohne die Helfer aus aller Welt wäre die ganze Arbeit auf der Farm nicht zu bewätigen. Es gibt kaum Maschinen, keinen Traktor, keine schweren Geräte. Was hier aus der Erde kommt, ist »handmade« und kommt ohne Rückstände von Kunstdünger oder Pestiziden auf den Tisch.

Obwohl der Tisch zu klein und die Herdplatte plötzlich kaputtgegangen ist, zaubert Dominik ein Abendessen für nunmehr zwölf Personen herbei. »Wir machen Lángos, ein in Fett gebackener Hefefladen, der als ungarische Spezialität gilt, dazu Salat, Käse, Wurst. Einen selbst angesetzten Kombucha-Tee dazu, fertig.« – »Improvisieren gehört zu unserem Alltag«, erklärt Esther, warum sie mitten in dem internationalen Trubel so gelassen bleibt.

Ein paar Tage später wandern Paul und ich über die sandigen Wege hinüber zu einer Nachbarfarm. Der Besitzer hatte uns eingeladen, vorbeizukommen und seinen Hof anzuschauen. Tappi, der Hofhund von Dominik und Esther, begleitet uns. Die junge Hündin springt durch den Wald, läuft vor, schaut zurück, prüft, ob wir auf dem richtigen Weg sind. Ab und an wittert sie ein Reh und springt mit viel zu großen Sprüngen davon, um rasch einzusehen, dass sie keine Chance hat, eines zu erwischen. Die Rehe stehen in Gruppen nahe der Fußpfade, die hier als voll funktionstüchtige Straßen genutzt werden, um den Weg von einer Farm zur anderen ein wenig abzukürzen. Als Paul und ich näher kommen, frühmorgens um halb acht, schauen die Rehe kurz auf und springen über den Weg davon. Auch später, als wir den Wald durchquert haben, stehen Gruppen von Rehen getarnt in den Feldern aus verwildertem Tabak und schauen uns an, bevor sie davonspringen. So viel Wild auf einem Fleck haben Paul und ich noch nie gesehen.

Kurze Zeit später, wir sind dem sandigen Pfad rund um die herbstlichen Felder gefolgt, stehen wir vor den Toren des kleinen Hofs. Hunde kläffen, sie springen am Holzzaun hoch. Aber ich ziehe ungerührt an dem hölzernen Klöppel, den Paul direkt als Klingel erkannt hat. Er ist mit einer Metallschnur ins Haus verbunden und tatsächlich, es läutet. Paul und ich treten ein wenig von einem Bein auf das andere, weil wir hier am frühen Morgen so unangemeldet vor der Tür von jemandem stehen, den wir erst ein Mal im Leben kurz gesehen haben. István macht uns auf und sperrt die Hofhunde ein, damit sie endlich Ruhe geben. Sollte er überrascht sein über den frühmorgendlichen Besuch, lässt er es sich jedenfalls nicht anmerken. »Kommt einfach mit, ich wollte jetzt eh die Tiere füttern.« Enten und Hühner, Perlhühner und Zwerghühner, ein paar Gänse, sie alle preschen nach draußen, sobald István das Tor ihres Verschlags öffnet. Wir sehen dabei zu, wie er sein Federvieh füttert, seine Tauben streichelt, der ganzen hellwach gackernden Truppe den Wasserhahn aufdreht und den Tauben noch eine zusätzliche Streicheleinheit zubilligt. István führt uns zu vier Ziegen, die er mit der Hand melkt und dann auf die Weide führt.

Kurze Zeit später sitzen wir in der Wohnstube von István und Andrea. Der Raum wird ausgefüllt von einem Lehmkamin, der bis zur Decke reicht. Auf der gemütlichen Sitzfläche trocknen Waldbeeren und Hagebutten. Quittenmus steht zum Einkochen bereit in Schüsseln daneben. Auf der Wachstischdecke des kleinen Tischs haben die beiden aufgefahren, was sie zum Frühstück essen: Salami und Schafskäse, Paprika, Ziegenfrischkäse, Eier, Honig (von dem Paul später sagt, das sei der leckerste Honig gewesen, den er je gegessen habe), zweierlei Sorten Brot. Das meiste, was auf dem Tisch steht, ist selbst gemacht. István faltet die Hände und betet: »Der Herr segne unsere Gäste, die er uns vorbeigebracht hat. Er segne unser Essen und unseren Tag und beschütze uns in diesen Tagen. Amen.« Beim Frühstück erzählt er, dass er gemeinsam mit Andrea ein paar Jahre in England gelebt und dort als Altenpfleger gearbeitet hat, dass er aus einer ungarischen Minderheit in Transsilvanien stammt und vor zwanzig Jahren hierhergekommen sei. Andrea hat Theologie studiert und ein paar Jahre als Lehrerin gearbeitet, bis sie sich entschieden haben, ein einfacheres Leben zu führen. Sie haben hier alles, was sie brauchen, sagt Andrea, gutes Essen, saubere Luft, keine Umweltverschmutzung, Stille. Ein festes Einkommen, das Geld einbringt, scheint es jedoch nicht zu geben. Die beiden verkaufen Holz, ein paar Eier, Gemüse – aber sie dürfen nicht auf dem Markt verkaufen, ohnehin besitzen die Nachbarn alles selbst. István hat am Vortag neunhundert junge Bäume in Rumänien gekauft und will sie am nächsten Tag für einen Nachbarn einpflanzen – das dürfte die Kasse wieder ein wenig aufbessern. Ich gebe mich einfach der Gastfreundlichkeit der beiden hin, lasse mich von der Ruhe anstecken, die sie ausstrahlen, von der Selbstverständlichkeit, mit der wir aufgenommen worden sind. Ich wundere mich über die Einfachheit, in der die Menschen hier leben.

Für Samstagabend laden uns István und Andrea ein, mit ihnen nach Kiskunmajsa in die Messe zu fahren. Die beiden sind in einer Gemeinde aktiv, die vor allem von Roma besucht wird.

An besagtem Samstagabend schließlich liegt der Nebel so dicht wie Milchsuppe über dem Land. Es ist erst achtzehn Uhr, stockdunkel und saukalt. Andi, Fannie, Liv und ich fahren noch Gabriella abholen, die tief im Wald in einem Haus ohne Strom und fließendes Wasser wohnt. Im Dunkeln ist das für uns alles so unheimlich, dass wir erleichtert sind, aus dem Wald heraus Richtung Kiskunmajsa zu fahren. Ein paar Straßen, die in Nebel getaucht sind, Häuser aufgereiht am unbefestigten Straßenrand. Hunde, die heulen, kaum Menschen. Gabriella und wir fünf, dazu noch Christeen, Jessica und Vicky, die Volunteers aus England, Irland und China, Esther, den kleinen Elia schlafend auf dem Arm, treten als kompakte Multikultitruppe in das Romazentrum. Erwartet hatte ich eine Kirche, aber wir landen im ersten Stock eines unscheinbaren Hauses. Die Messe hat schon begonnen und wir schleichen uns in eine Ecke. Um den großen Tisch herum sitzen vielleicht zwanzig Menschen, die meisten davon Roma. Alte Frauen, Kinder, Familien mit Kindern. Einige haben die Bibel aufgeschlagen, andere wischen auf ihren Tablets herum, die Mädchen malen, eine junge Frau guckt in die Luft. Beim Rhythmus der Lieder steht der ein oder andere auf und tanzt, die Tochter hilft der zahnlosen Oma auf zum gemeinsamen Friedensgebet. Der Priester predigt lang und eindringlich, wir verstehen kein Wort. Auf einem Tisch hat er mit einer weißen Tischdecke und zwei Kerzen einen Altar improvisiert. Fannie hat Wolle mitgenommen und bastelt Andi und mir ein neues Armband, Liv und ich malen in einem Prinzessinennausmalbuch, Andi und ich und der Rest der nicht ungarisch sprechenden Besucher machen zwischenzeitlich einfach ein wenig die Augen zu und lassen die Stimmung auf uns wirken. Nach der Predigt singen alle gemeinsam, drei junge Mädchen stehen vor den Mikrofonen, Andrea spielt Gitarre. Dann holt sich der Priester Gabriella nach vorne, die nach meinem laienhaften Verständnis ihrer Symptome einen Bandscheibenvorfall hat, und nimmt sie gemeinsam mit drei anderen Gemeindemitgliedern in seine Mitte, spricht schnell und lange, alle halten die Hände auf Gabriella gelegt und es gibt ein kurzes, heftiges Gemurmel und Gebet. Dann wird sie entlassen. Sie humpelt zurück an ihren Platz. (Am nächsten Tag wird sie aus dem Auto steigen und sich deutlich geschmeidiger bewegen als noch am Vortag. Sie wird sagen, der Priester habe ihr mit auf den Weg gegeben, sie solle sich nicht wundern, wenn die Schmerzen am nächsten Tag fort seien. Wir waren wohl Zeugen einer Wunderheilung oder Teufelsaustreibung, wie immer man das nennen will.)

Als das letzte Amen verklungen ist, stehen alle auf. Einige begrüßen uns, wir ernten breites Lächeln von allen Seiten. Die Gottesdienstbesucher freuen sich offensichtlich, dass wir sie besucht und mit ihnen die Messe gefeiert haben.

Später sind Andi und ich regelrecht erstaunt. Da haben wir doch mit denselben Leuten am Tisch gesessen, vor denen wir seit Beginn der Reise gewarnt werden. »Passt auf, die Zigeuner. Die kommen und klauen.« Kaum zu glauben, dass die meisten der hier Anwesenden in den heruntergekommenen ehemaligen Kasernen der Sowjetzeit zu Hause sind, in denen man die Roma in Kiskunmajsa kaserniert hat. Gefährlich wirken diese Menschen jedenfalls nicht. Wir können alle nur lernen.

Als der erste Schnee vor den Kunststofffenstern unseres Bullis auf die Wiese fällt, ahnen wir, dass unsere Zeit auf der Farm der Freiheit ein Ende finden muss. Auf Schnee sind wir nicht eingerichtet. Bevor wir abreisen, erleben wir aber noch einen Abenteuertag. Ich erwache nach gleich zwei Albträumen hintereinander, bin den ganzen Vormittag extrem nervös und unruhig. Nachmittags um drei wollen wir Ingrid, eine benachbarte ältere Dame, die wir in der Kirche kennengelernt haben, auf ihrer Farm besuchen. Kaffee und Kuchen – wir freuen uns alle schon. Die Kids sind geduscht und tragen das erste Mal, seit wir hier sind, ihren Sonntagsstaat. Esther fährt in ihrem Auto und Tappi läuft wie immer nebenher. Plötzlich springt sie vor den Wagen und wir merken nur noch, wie wir über den Hund hinwegrollen. Andi und Esther reißen die Türen auf, Paul, Fannie, Liv und Elia sitzen mit mir auf der Rückbank, wir alle halten uns die Ohren zu. Fannie fängt an zu singen, um das Gewinsel zu übertönen. Als ich die Kinder beruhigt habe, steige ich aus und sehe Andi neben dem Hund am Wegesrand liegen. Er blutet. Beim Versuch, Tappi zu helfen, hat sie ihm im Affekt ins Handgelenk gebissen.

Ich laufe zu den Kindern, sage ihnen, sie mögen aussteigen, und führe Andi zu unserem Bus, wo er sich, unter Schock stehend, erst einmal hinlegt. Er hat ungemein Glück gehabt. Tappi hat ihn zwar ins Handgelenk gebissen, aber nicht ernsthaft verletzt. Die Kinder beruhigen sich nur langsam.

Esther, Dominik und Elia fahren mit Tappi zum Tierarzt. Um achtzehn Uhr, Andis Wunde ist inzwischen versorgt, bekommen wir eine SMS; wir müssten die Tiere auf Istváns Farm versorgen, die Familie sei verreist und es dauere länger beim Tierarzt. Ich bitte Christeen, mit ihrem Wagen zu fahren, und sie zerkratzt auf den Fußpfaden durch den dunklen Wald den Lack an Akazien und Gestrüpp. Bei István müssen wir über den Zaun auf das Farmgelände eindringen, weil Esther den Schlüssel in ihrer Tasche vergessen hat. Zum Glück haben wir beim Füttern zugesehen. Paul und Fannie wissen, wo das Futter steht und wer was zu fressen bekommt. Trotzdem breitet sich eine große Unruhe aus, weil es stockdunkel ist und die an die Kette gelegten Hunde ohne Unterlass kläffen. Die Ziegen, die wir in den Stall treiben, sind derart aufgeregt, dass sie sich kaum melken lassen. Es dauert Ewigkeiten, bis wir sie mit Unmengen an Futter so weit beruhigt haben, dass Gabriella mit unserer Hilfe ein wenig Milch aus ihnen herausbekommt. Auf dem Rückweg dann kommt Christeen vom Weg ab und landet im Feld. Alles Manövrieren hilft nichts, wir stecken irgendwann bis zur Achse im Sand. Erst Stunden später und mitten in der Nacht zieht uns ein benachbarter Bauer mit seinem Traktor aus dem Sand.

Zurück auf der Farm geht es Andi besser, und Liv, die bei ihm geblieben ist, fällt mir in die Arme – sie hatte solche Angst um uns. Spätabends liegen wir zu fünft im T3 und quetschen uns vor einer Folge *Michel aus Lönneberga* zusammen. Beruhigt vom schwedischen Idyll schlafen wir ein und träumen von der kleinen Farm in der Puszta. Von Dominik und Esther, die ihr Leben so führen, wie sie wollen. Einfach, in der Natur, in Verbundenheit mit ihrem Kind und umgeben von Menschen aus aller Welt. Von ihren Plänen, noch ein bisschen Land dazuzukaufen, Akazien zu pflanzen, Freilernertreffen zu organisieren. Gibt es eine Messlatte für Glück? Einen Gradmesser für Zufriedenheit? Ein Koordinatensystem fürs Menschsein?

Am nächsten Morgen liegen zwei Zentimeter Neuschnee. Wir packen zusammen, umarmen uns, versprechen uns ein Wiedersehen. Fannie legt Dominik ehrfürchtig das allererste Hühnerei in die Hand. Es ist Zeit weiterzufahren. Ab in den Süden.

FREI SEIN IST WUNDERSCHÖN

**Siebzehntes Kapitel, in dem wir die Rückkehr in
unser altes Leben lieber noch einmal hinauszögern**

31. Juli 2018, vier Uhr in der Früh, Limbach

Nur noch die letzte Kehre im Dorf und unser Zuhause
in Limbach steht vor uns, im matten Licht der vom Wind
vor sich hin schwingenden, mit allerhand Drahtwerk
befestigten Straßenlaterne. Das erste Rot des Morgens
kündigt sich hinter den Baumwipfeln an, als wir nach
1300 Kilometern Rückreise in Limbach landen. Motor
aus, Türen auf. Wir atmen die Kühle des Morgens ein,
nehmen in übernächtigter Andacht tiefe Schlucke der
klaren Luft, die uns empfängt. Paul, Fannie und Liv hat
das fehlende Motorengeräusch aus ihrem Schlaf geweckt.
Sie schauen verschlafen, erkennen und stürmen das
Haus. Spiele, Bücher, Klamotten, Kuscheltiere, die zu
Hause bleiben mussten, die Etagenbetten, bezogen mit
frischen Laken, all das zieht die Kinder nach Monaten
im Bus in ihren Bann. Sie sitzen im erleuchteten Raum
und haben mit all den wiederzuentdeckenden Dingen
ihre Müdigkeit abgelegt.

Warum schon wieder Limbach, wo doch unser Haus in Köln ein paar Stunden später wieder einzugsbereit gewesen wäre? Nichts Geringeres als Furcht hatte uns gepackt. Angst, nach Hause zu kommen, die Sorge, wieder in unserem alten Leben anzukommen. Allein der Gedanke an die Stadt mit ihrer Überdosis an Überholspur ließ uns zittern. Wie würde das Zurückkommen sein? Wollten wir das überhaupt, auf diese Spur aufsetzen, die uns ja jahrelang mit voller Wucht an die Wand gefahren hatte? Ganz sicher nicht.

Auf dem letzten Stück des Weges, von Finnland kommend, durch Estland, Lettland und Litauen nach Polen pendelnd, hatte uns eine Melange aus Euphorie und Niedergeschlagenheit im Griff. Wir sahen alles um uns herum kristallklar, lechzten nach jedem Augenblick, den wir durch die Scheiben unseres Autos hindurch erhaschen konnten. Wie fremd, wie anders das Leben überall war. Und wie wir es genossen, jeden neuen Morgen nicht zu wissen, wo genau wir hinfahren, wen wir treffen, was wir auf dieser Etappe geschenkt bekommen. Alles aufsaugend, das Herz weit, versuchte ich, jeden Moment in meinem Geist zu speichern, auf dass er mich von innen berausche, wenn um mich herum wieder die Absehbarkeit des Alltags herrschen würde. Das Luxusprogramm dieses langen Jahres lautete: Wir dürfen jeden Tag etwas Neues erleben. In unbekannte Territorien vorstoßen. Jeden Tag Entdecker sein. Von Land und Leuten. Aber auch von uns selbst. Wir hatten unserer mentalen Landkarte Tag für Tag neue Längen- und Breitengrade zugefügt. Es gab dabei nichts Wiederkehrendes.

Aber an uns selbst kamen wir nicht vorbei. An den Fragen, auf die man im Alltag keine Antworten bekommt. Wie wollen wir zukünftig leben? Was soll uns umgeben?

Wie sehr verändert eine Umgebung uns? Und welche Erwartungen haben wir an uns selbst? Schon fast am Ende unserer Reise, irgendwo in Litauen, schrieben Andi und ich dann großspurig den Plan für unser zukünftiges Leben auf und nannten ihn vermessen »Manifest für unser freies Lebens«. Darin neun Paragraphen, die uns auch zukünftig leiten sollten, um unseren Weg nicht aus den Augen zu verlieren. Im Rausch eines extrem erhöhten Endorphinspiegels geschrieben, von einem durch und durch ungetakteten Jahr beseelt, lautete es folgendermaßen:

Wir wollen miteinander leben, im Vertrauen auf- und miteinander geborgen sein. Wir wollen, dass unsere Kinder frei sind und Raum für ihre Entwicklung haben. Wir wollen mehr für uns arbeiten und nicht für andere. Kunst, Kultur und Musik sollen unser Leben bereichern. Wir wollen mit und in der Natur leben. Das geht nicht ohne Tiere um uns herum. Wir wollen möglichst viel selber machen statt zu kaufen. Wir wollen in einem offenen Haus leben, das uns Austausch und Inspiration von außen bietet, und selber Inspiration für andere sein. Wir wollen Zeit haben für Spielen, Sport, Zeichnen, Lesen, Schreiben, Filme schauen, Müßiggang. Wir wollen weiter lernen, ausprobieren, Neues erfahren.

Unser Manifest zeigt: Wir nahmen uns und die auf uns zurollende neue Lebensphase mächtig ernst. Und wir waren partout nicht bereit, uns unsere hart erarbeitete, neue Freiheit nach der Rückkehr wieder nehmen zu lassen. Die Kinder waren in ihren Wünschen die Zukunft betreffend übrigens deutlich bescheidener: »Wir wünschen uns täglich ein Lächeln von euch.«

Mit diesem Plan im Gepäck trauten wir uns an diesem 31. Juli 2018 einfach nicht nach Hause. Unser Manifest würde sich in Köln anfühlen wie eine Lachnummer. Kaum in unserem Viertel gelandet, würden wir über unsere eigene Courage stolpern und erkennen, dass wir auch nur kleine Räder sind, die ihr Tagewerk zu tun haben. Würden wieder in Zwänge eintauchen, von Routinen heimgesucht. Daher setzten wir lieber noch einmal den Blinker. Eine letzte Enklave blieb uns, zumindest für einen Monat – dann sollte die Schule wieder losgehen und mit ihr unser Alltag.

Während Paul, Fannie und Liv also morgens um vier glücklich in ihren Habseligkeiten kramen, schlafen Andi und ich nur Sekunden nach unserer Ankunft auf der viel zu breiten und viel zu komfortablen Matratze unseres Bettes inmitten einer viel zu festen Behausung ein. Im Schlaf breche ich einfach aus. Bin mit unserem kleinen grünen Bus unterwegs, traumwandlerisch erlebe ich unsere Reise noch einmal neu.

BALKANBLUES

Achtzehntes Kapitel, in dem wir unterwegs angeschmiert werden und schließlich am Meer landen

Anfang November 2017, auf dem Weg nach Montenegro

Warum ist Abfahren eigentlich immer ein bisschen mit Wehmut besetzt, angesiedelt zwischen Loslassenmüssen und Weiterwollen? Sind wir Menschen so gestrickt, dass wir per se gerne bleiben, selbst auf Reisen? Ist dem Menschen irgendwo in die DNA geritzt, ein Zuhause zu suchen? Dann hätten diejenigen ja recht gehabt, die uns vor unserer Reise ungefragt so sach- und fachkundig beratschlagt haben: »Das ist doch nix, so rumzureisen. Die Kinder brauchen doch ein Zuhause.«

Der Neuschnee in Ungarn gibt uns unmissverständlich das Zeichen zum Aufbruch. Das Navi auf »Autobahn vermeiden« eingestellt und als Ziel ziemlich willkürlich Podgorica ausgewählt, winken wir Dominik, Esther und Elia über die weißen Fahrspuren zu, bis sie immer kleiner werden und aus unserem Blickfeld verschwinden. Auf nach Neuland. Once again.

Wir passieren Orbáns Lieblingsprojekt »Zaun«, der mit seinen monumentalen Ausmaßen Flüchtenden aus Syrien so erfolgreich die sogenannte Balkanroute versperrt. Der Koloss ist im Vorbeifahren noch beklemmender als in den Nachrichten. Wie froh wir sind, einen europäischen Pass zu haben und nach Süden zu wollen und nicht ohne oder mit dem falschen Pass unterwegs zu sein und in die EU zu wollen! »Was wollen Sie denn in Serbien?«, fragt man uns an der Grenze. »Wir sind auf der Durchfahrt. Auf dem Weg in unser Traumland Südosten.« Kritischer Blick. Frage: »Jetzt?« – »Ja.« – »Sind das Ihre Kinder?« – »Ja.« – »O.K., durchfahren.«

Ich hasse Grenzen, schon seit jeher. Wer soll solche Wortwechsel verstehen? Wie viel »Bakschisch« ich in meinem Leben schon an Grenzen in aller Welt losgeworden bin, habe ich nicht gezählt. Sehr wohl weiß ich aber, dass mich dieses ganze Grenzgehabe abstößt: die stets auf respekteinflößend getrimmten Uniformen, die stieren Gesichter der Grenzsoldaten, der misstrauische Blick aufs biometrische Foto, auf dem nun mal jeder aussieht, als hätte man gerade jemanden ausgeraubt, die doofen Fragen und die gestotterten Antworten, obwohl man nichts zu verbergen hat, die mickrigen Verschläge irgendwo im Nirgendwo, die zur Schau gestellte Macht. In diesem Fall läuft aber alles glimpflich ab, wir dürfen weiterreisen. An den Blicken der Kinder sehe ich, dass sie diese überaus präsente Negativstimmung ebenfalls eingeschüchtert hat.

Kurze Zeit später ist die Serbien-Etappe auch schon wieder passé, wir landen in Kroatien und damit wieder in der EU. Wie kann das sein, dass wir uns gleich wieder mehr zu Hause fühlen? Das blaue Signet mit den schönen gelben, kreisförmig ausgerichteten Sternen wirkt bei uns wie das typisch gelbe Ortseingangsschild: willkommen daheim. Unseren Stellplatz finden wir mithilfe Google Maps am Rande eines Parks, auf einem Parkplatz gegenüber der Polizeistation. Da wir möglichst unauffällig bleiben wollen, lassen wir das Faltdach unten und quetschen uns an diesem Abend mit fünf Personen auf einer Breite von einem Meter vierzig aneinander. Dieses Experiment könnte unter der Rubrik »Nicht nachmachen« verbucht werden. Verraten kann ich so viel: Es funktioniert nur mit einer ausgeklügelten Logistik und führt zu sehr wechselhaften Schlafresultaten. Kalt wird uns in dieser Nacht jedenfalls nicht. Um fünf Uhr morgens wache ich auf. Und ich merke schnell, dass ich vor lauter Vorfreude auf den kommenden Tag kein Auge mehr zumachen kann. Ich liege wach, lausche auf den ruhigen Atem der Kinder, betrachte die Kondensfäden, die die Scheiben herunterziehen, und warte geduldig auf den Morgen. Als Liv erwacht, strahlt sie mich an und ist scheinbar ähnlicher Stimmung, in der ihr eigenen Art drückt sie es nur wesentlich treffender aus: »Mama, ich zittere vor Freude.« Und dann schlingt sie ihre kleinen Arme um meinen Körper.

Wir alle fahren vor Freude zitternd los und kommen irgendwann an die bosnische Grenze, wo die zitternde Freude augenblicklich zum freudlosen Zittern wird, weil wir nicht wie verlangt mit einer grünen Versicherungskarte aufwarten können. Das kann dauern. Während Andi sich ein Ersatzdokument ausstellen lässt, bitten ihn die Grenzer, ihnen das Faxgerät zu erklären, das da unbenutzt rumsteht, weil die Bedienoberfläche in deutscher Sprache beschriftet ist.

Bosnien schafft es dann tatsächlich, kurzfristig unsere Reisefreude zu ersticken. Es ist still im Bus. Ungewöhnlich still, kein Lachen, Streiten oder Singen, kein Fragen und Erzählen von der Rückbank. Wir versuchen, den Kindern zu erklären, was da im Vorbeifahren an diesem regnerischen Wintertag so bedrückend auf sie wirkt. Auch mehr als dreißig Jahre nach den Jugoslawienkriegen ist die Landstraße mit Gebäuden in allen Graden der Zerstörung gesäumt: mit Ruinen, durchlöchert, nicht wieder aufgerichtet, verlassen oder sogar bewohnt, im Bau befindlich oder zum Steinskelett degradiert. Die Dörfer verströmen den atemnehmenden Anblick von Armut, überall liegt Müll herum, irgendwo jault ein Hund. Paul sagt irgendwann, dass ihm die Einschusslöcher in den Hausfassaden Angst machen. Die Jugoslawienkriege, die ich in den Neunzigern des letzten Jahrhunderts so oft weggezappt hatte, weil mir das alles zu weit weg und zu undurchschaubar erschien, mussten wir jetzt versuchen, den Kindern zu erklären. Aber wie erklärt man, dass ein Land zerfällt? Dass Nachbarn sich wegen ihrer Herkunft oder Religion plötzlich misstrauisch gegenüberstehen oder gar an die Gurgel gehen. »Und kann das nicht vielleicht wieder passieren«, fragt Fannie. Wir wissen es nicht. Es gibt genug Beispiele für Geschichtsvergessenheit, ein erstarkender Nationalismus ist auch in der EU weithin spürbar, Hetze und Häme werden in Worten wieder salonfähig und in Taten spürbar. Aber das bleiben unsere Gedanken, stattdessen sorgen wir für positive Stimmung und zitieren Lord Fountleroy aus *Der kleine Lord*: »Jeder Mensch sollte die Welt mit seinem Leben ein kleines bisschen besser machen.«

In die Trostlosigkeit der Landstraße hinein fängt es langsam, aber stetig an zu schneien. Die Straßen und Ruinen, die Kirchen und Moscheen, die Plätze und Wiesen rund um uns herum werden weiß. Fannie und Liv besingen den Schnee mit Winter- und Weihnachtsliedern, während Andi und mir unweihnachtlich mulmig wird. Schneekettenzeichen am Straßenrand, eine Landschaft, die mehr und mehr verschwindet, wir, die wir zwar mit Winterreifen, aber absolut ungenügender Ortskenntnis durch die Landschaft tuckern. Wie sind wir nur auf die hirnrissige Idee verfallen, ohne richtiges Kartenwerk loszufahren! Wie konnten wir so dämlich sein, ohne einen Blick auf den guten alten Atlas loszufahren? Auf eine App verlassen, die die Strecke, aber nicht den Weg kennt? Und das, obwohl ich sage und schreibe neun Jahre studiert habe, und zwar Geographie mit Schwerpunkt Geomorphologie. Wie konnte ich bloß so blöd sein? Während ich den Westermann-Schulatlas der Kinder nach vorne hole, werde ich beim Blick auf die Braunzeichnung des Höhenreliefs immer stiller und die so altvertrauten Fachtermini wie »jungalpidische Faltengebirge«, »Glaziokarstlandschaft«, »adriatische Mikroplatte« und »tektonische Hebung der Dinariden« lassen mich befremdlich nach draußen schauen, während der Wagen Höhenmeter für Höhenmeter nimmt. »Waren in Sarajevo nicht mal Winterspiele?«, fragt Andi in meine auf Isohypsen basierende Unruhe hinein. Das Navi führt uns derweil immer weiter bergauf.

Plötzlich unterbricht ein uniformierter Polizist meine Selbstzweifel, ob neun Jahre Studium einfach nicht genug oder doch eher fruchtlos geblieben waren. Am Straßenrand inmitten eines Dorfes winkt er uns heraus, wie direkt vor uns schon ein Fahrzeug mit polnischem Kennzeichen. Ob wir wissen, dass wir zu schnell gefahren seien, fragt er? Er zieht ein vom vielen aus der Tasche ziehen softweich gefaltetes Stück Papier heraus, auf dem er mit seinem Kugelschreiber Zahlen vermerkt hat, aus denen wir entnehmen sollen, dass wir zweihundert Euro für zu schnelles Fahren bezahlen müssen. Ich merke an – leider zu wenig vehement –, dass wir wegen des Schneefalls und unserer Untermotorisierung gar nicht in der Lage seien, zu schnell zu fahren, was beim Gegenüber nicht durchdringt. Wir einigen uns auf zwanzig Euro dafür, dass wir nicht zu schnell gefahren sind. Beim Abfahren traue ich mich gerade noch, mit zwei Fingern von meinen Augen auf ihn zu weisen. »Ich hab dich ab jetzt im Auge, Amigo.« Am Abend rechnen wir rum, auf welche Summen unser das Gesetz sehr individuell auslegende Uniformträger am Ende des Tages wohl kommt, und fragen uns, was er mit dem ganzen derart korrupt eingenommenen Geld wohl anstellt. Sogar Tage später ärgere ich mich noch darüber, dass wir diesen Wicht haben gewinnen lassen.

Eigentlich haben wir aber ganz andere Probleme, die unsere Aufmerksamkeit unmittelbar wieder auf die Straße lenken. Es schneit, es hört nicht auf zu schneien, es wird dunkel, sehr gebirgig. Dinariden, wie schön ihr klingt, wie schwer ihr mit 75 Pferdestärken zu durchqueren seid. Die Grenze zu Montenegro lassen wir am späten Abend hinter uns, wohl für immer erinnernd, dass Montenegro übersetzt »schwarze Berge« bedeutet. Als wir spät nachts am Meer ankommen und auf dem Camp Oliva in Utjeha übernachten, haben wir Hunderte Kilometer Serpentinenstraßen in den Gliedern und mit der Taraschlucht Europas wohl spektakulärste Klamm passiert. Wir schwören uns, die nächste Etappe mit dem Studium der Geographie zu beginnen. Muss ja nicht gleich wieder neun Jahre dauern.

#REALVANLIFE UND SOCIAL-MEDIA-MIST

Neunzehntes Kapitel, in dem ich mit mir selbst in Sachen Social Media abrechne

Januar 2019, Köln

Meinen Blog »Auf nach Neuland« hatte ich fertig, da waren wir noch längst nicht auf Reisen. Ich hatte versucht, alles selbst zu machen, Konzept, Struktur, Userführung, Farbgebung, Anmutung, Inhalte. Und Hilfe habe ich mir dann geholt, wenn ich nicht weiter wusste. Allein das passende Theme aus dem WordPress-Themes-Dschungel auszuwählen, hatte mich Monate gekostet. Ich bin der personifizierte DAU, der dümmste anzunehmende User, den wir damals vor Augen hatten, als ich noch für das Onlineportal eines deutschen Verlags geschrieben habe. Selbst die Tiefen von WordPress zu durchdringen ist für mich eine mittelschwere Hürde, ein Grauen, mich mit SSL-Verschlüsselungen, FTP-Zugängen oder PHP-Versionen rumschlagen zu müssen. Suchmaschinenoptimierung hinterlässt bei mir ein lang gestrecktes Gähnen (auch wenn ich weiß, dass es wichtig ist), Statistiken öden mich an und die DSGVO interessiert mich nicht die Bohne. Ich weiß, das ist ungerecht und oberflächlich, und das ist alles fürchterlich wichtig, wenn man mit einer Seite Erfolg haben, sprich Leser erreichen will, aber ich bin nun mal der Gegenentwurf zum groovigen Techie. Ich sehe und verstehe nur Bruchteile der auf allen Kanälen gepredigten Segnungen der Digitalisierung. Ansonsten neige ich dazu, sie zu ignorieren. Und sie lässt mich gnädigerweise ebenfalls links liegen. Mithilfe von Freunden, die meine mangelnde IT-Expertise ausbaden mussten und dank derer ich irgendwann auch mit Fotos und Logo im Netz vertreten war, entwickelte sich der Blog zum Hingucker. Und ich? Ich tat dann, was mir wirklich Freude bereitet, ich schrieb. Produzierte mit meiner Familie einen kleinen Trailer und hatte einen unbändigen Spaß daran, Inhalte zu schaffen, neudeutsch Content, von dem wir ja alle wissen, dass er seinen Wert hat. Passend zum Blog erstellte ich die Facebook-Seite, der Instagram-Account wurde erstellt und peu à peu mit Inhalten gefüttert. Dumm nur, dass ich nicht merkte, oder vielleicht besser: nicht wahrhaben wollte, wie die Social-Media-Kanäle ihre Krakenarme um mein Hirn wickelten. Ich war in die Like-Falle getappt, kaum dass ich mit der Instagrammerei angefangen hatte. Ich war dem Follow-me-Fieber erlegen, obwohl ich mich für bewusst und reflektiert und erwachsen und überhaupt erhaben über den profanen Dingen der Social-Media-Welt hielt. Ich glaube, ganz im Geheimen träumte auch ich davon, ein Influencer mit Zigtausenden von Followern und einer coolen Community im Rücken zu werden. Instagram und Facebook stachelten meinen Ehrgeiz an, ich wollte ein Medienprojekt aus der Reise stemmen oder minimum ein YouTube-Sternchen werden.

Wie peinlich! Bis heute habe ich es auf 490 Follower bei Facebook und 281 Abonnenten bei Instagram gebracht. Und glücklicherweise keine Ambitionen mehr, irgendwie geartete Follow-Me-Marken zu knacken. Heute kann ich über mich lachen und mit meinen Kindern die süchtig machende, perfide funktionierende Maschinerie der Social-Media-Welt diskutieren. Es geht an kaum jemandem spurlos vorbei, wenn Fotos, die man eingestellt hat, nicht geliked werden. Wenn Beiträge, die man ins Netz setzt, nicht honoriert, kommentiert und weitergeleitet werden. #vanlife, #vanlifediaries, #travelblogger und so weiter und so fort. Ist doch eine tolle Geschichte, mit der Familie auf Reisen zu gehen, das interessiert doch alle, das klingt nach Abenteuer, Freiheit, Entspannung, Family Time oder besser noch Quality Time, alles zusammen und ein bisschen nach staubigen Straßen und keine Dusche in Sicht.

Das Verrückte daran ist: Es *ist* eine wirklich tolle Erfahrung, mit der Familie auf Reisen zu gehen. Und es *ist* tatsächlich eine Wahnsinnsstory. Das Unerwartete, das Unerwartbare, die Zeit, die wir miteinander verbracht haben, Europa, die Gastfreundschaft, die Menschen – all das *ist* unbezahlbar. Und ich habe sie mir monatelang selbst genommen, weil ich mich in meinen Facebook- und Instagram-Account verbissen hatte. Die Kinder sagten in den ersten Monaten oft: »Jetzt sitzt du wieder am Rechner, da hätten wir auch zu Hause bleiben können.« Ich wehrte natürlich ab, tat das vorgeblich nur für die Gemeinschaft, verdonnerte alle zu dämlichen YouTube-Videos, beschwor die Kinder geradezu mitzumachen. Unser Vanlife hatte gefälligst cool und aufregend zu sein. Drunter ging es nicht.

Doch irgendwann habe ich mich auf meine Ausgangssituation besonnen, meine journalistische Herkunft, meine Tugenden. Ich wollte authentisch berichten, ehrlich sein, nicht 99 Prozent der Umgebung ausblenden, um mit dem einen Prozent zu protzen. Stattdessen lieber hundert Prozent fühlen und erleben.

Irgendwann unterwegs, als wir wirklich entspannt waren und ich auch in Sachen Medienwirksamkeit das Ruder abgegeben hatte, da fing ich wirklich an, die Reise zu genießen, die Kinder um mich herum zu spüren, ihnen die Wertschätzung entgegenzubringen, die sie verdienten. Da fing ich an, Andi als den Part auf der Reise und in meinem Leben zu betrachten, der ihm gebührte. Er war mein Mann, kein Fahrer, kein Navigator, kein Lehrer für die Kinder. Wir legten unsere Rollen ab und hatten eine wirklich gute Zeit miteinander!

Im Nachhinein, beim Schreiben, entdecke ich noch einmal so viel wie unterwegs, auf den staubigen Straßen, im Bus, in Europa. Als müsste sich das Erlebte erst einmal setzen, reifen, zur Gewissheit heranwachsen. Nach einem radikalen Schnitt mit meinem Bloggerdasein, nachdem ich Facebook, Instagram und Twitter sowie mein E-Mail-Programm von meinem Handy geschmissen hatte, spürte ich das Band um mein Herz, das mit Getöse zu Bruch ging. Mich befreite. Danach bekam die Reise für mich – und für die Familie – noch einmal eine neue Dimension dazu. Mich selbst. Ich war ganz dabei!

Und heute? Erst in den letzten Wochen, fünf Monate nach dem Nachhausekommen, fange ich langsam wieder an, Social Media in Maßen zu konsumieren und zu nutzen. Ich freue mich darauf, wieder Geschichten für mein Blog zu schreiben. Wieder mit Freude dabei zu sein. Ich kann das jetzt. Ich muss mir selbst nichts mehr beweisen.

ZURÜCKKOMMEN, ABER NICHT HEIMKEHREN

Zwanzigstes Kapitel, in dem uns Köln so fremd ist, als kämen wir aus einer anderen Galaxie

Mitte September 2018, Köln

Irgendwann war auch ich aus dem tiefsten Schlaf erwacht. Und irgendwann ging auch dieser letzte Monat in Limbach, in der Abgeschiedenheit unseres Dorflebens, zu Ende. Am 28. August zogen wir wieder nach Köln, räumten unser Haus ein und betteten uns auf provisorischen Lagern. Der Kühlschrank summte, die Bäume standen im Grün, alles erschien uns vertraut, beinahe unverändert. Doch wir gehörten hier nicht her. Nicht in diese Stadt, nicht in diese Welt. Wir konnten, wir wollten einfach nicht Teil dieser Wirklichkeit sein. Am 29. August, am Tag nach unserer Heimkehr, hatte Liv ihr Dirndl angezogen und wir begleiteten sie mit Schultüte und schickem neuen Ranzen zu ihrer Einschulung. Liv weinte und warf uns einen verzagten Blick zu, als sie mit ihrer Lehrerin voran an der Seite ihrer neuen Mitschüler aus der Aula in den Klassenraum einziehen sollte. Unsere Jüngste hatte uns ein ganzes Jahr lang rund um die Uhr um sich gehabt, und wir hatten sie vierundzwanzig

Stunden am Tag in unserer Nähe gewusst. Dieser Moment trieb uns allen die Tränen in die Augen. Wie konnten wir es unserem kleinen Mädchen antun, in den starren Wänden eines Schulgebäudes lernen zu müssen, wo wir doch ahnten, wie anders ihre Bildung verlaufen würde, hätten wir uns fürs Weiterreisen entschieden. Wir waren benommen vor Unsicherheit und fühlten uns vor allem eines: fehl am Platz.

Nachdem wir unsere Eltern gesehen und unseren Freunden Hallo gesagt hatten, merkten wir, dass wir teilnahmslos dabeistanden, wenn uns jemand willkommen hieß. Wenn jemand sagte, dass es ja jetzt auch sicher genug sei mit unserer »Reiserei«, waren wir uns dessen leider überhaupt nicht sicher. Alles fiel uns bleischwer in diesen ersten Tagen nach unserer Rückkehr. Am schwersten vielleicht zu akzeptieren, dass dieses im Vorfeld so unendlich erscheinende Jahr zu Ende gegangen war. Was sollten wir bloß mit uns anfangen?

Paul und Fannie gingen wieder in ihre Klassen. Paul musste seine Klassenkameraden neu kennenlernen, denn die Zeit hier war, wie wir schmerzlich feststellten, auch ohne uns weitergegangen. Fannie lernte ebenfalls eine komplett neue Klasse kennen, die sich bereits ein Jahr zuvor im fünften Schuljahr zusammengefunden hatte. Sie beklagte sich nicht, wusste, dass es Zeit brauchen würde, Freundschaften zu schließen. Liv weinte jeden Morgen aufs Neue, wenn wir versuchten, sie mit der Schule zu versöhnen. Sie wusste einfach nicht, warum sie plötzlich dort bleiben sollte. Andi fing an, das Haus wieder herzurichten. Ich selbst horchte in mich hinein, ob sich irgendwo eine positive Resonanz auf unsere neue Lebensphase finden ließ. Beide halfen wir den Kindern, so gut es ging anzukommen, mussten aber feststellen, dass wir plötzlich »anders« waren. Wir stießen auf Unverständnis, was unsere Auffassung zu elektronischen Spielgeräten und zum freien Lernen betraf. Unsere Kinder hatten keine Rechner, Playstations, Wiis, sie spielten keine Onlinespiele, sie waren es gewohnt, den ganzen Tag draußen zu sein. Ich glaube, für unsere Umgebung wirkten wir ein wenig weltfremd, aus der Zeit gefallen. Und ja, das waren wir. Wir waren noch Teil dieser anderen Welt, der Unterwegswelt irgendwo da draußen. Ich flüchtete mich in meine Erinnerungen und schrieb einen Brief an Zenepa, die wir in Montenegro getroffen hatten.

DIE STREITBARERE

Einundzwanzigstes Kapitel, in dem ich einen Brief an Zenepa schreibe, die uns und unseren Kindern beigebracht hat, dass man für seine Überzeugungen einstehen muss

Köln, im Oktober 2018/ Ulcinj, November 2017

Liebe Zenepa,

ich wollte dir schon so lange schreiben. Allem voran, weil ich mich noch einmal bei dir bedanken möchte! Für die gemütliche Unterkunft bei deinen Eltern und die perfekte Bewirtung mit »Mama Likas« Köstlichkeiten. (Ob du's glaubst oder nicht, wenn die Kinder von Montenegro erzählen, beginnen sie nie mit der bezaubernden Altstadt Ulcinjs, nicht mit dem Sandstrand oder dem Olivenhain, auch nicht mit dir, liebe Zenepa, nimm's nicht persönlich: Sie beginnen ihre Gedanken an Montenegro stets mit den Worten: »Mama, kannst du mal wieder diese kleinen Teigbällchen machen, die es bei Mama Lika zum Frühstück gab?« Und ja, ab und an versuche ich mich darin, die leckeren Ustipkes zu zaubern – mit Ziegenfrischkäse und sirupflüssigem Honig bedeckt –, und hoffe immer, dass sie die hohen Erwartungen meiner Kinder erfüllen und beim Verzehr mit den Worten »Wie bei Mama Lika« beurteilt werden.) Dass du und deine Eltern uns so offen aufgenommen haben, war keineswegs selbstverständlich für mich. Immerhin hatten wir uns über zwanzig Jahre weder gesehen noch gesprochen, als wir fünf plus Hund bei euch eingefallen sind, so wild wie eine mittelalterliche Horde Osmanen, dafür aber mit den besten Absichten der Reisenden und Gelehrsamen. Armin, du erinnerst dich, ein besonders netter Kellnerkollege aus unserer wilden Zeit im Whistle Stop Café, hatte mir gesagt, dass du in die Heimat deiner Familie zurückgekehrt seist und in Ulcinj lebst, irgendwo am Meer. Und Armin hatte mir auch mitgeteilt, du seist dort Bürgermeisterin oder irgendetwas vergleichbar Profiliertes. Kümmertest dich um die Natur. Was ganz Genaues wusste man nicht, Adresse, E-Mail, Telefonnummer hatte Armin auch nicht, und eine Zenepa Likovic hatte auch ich im Vorfeld der Reise nicht ausfindig machen können. Jetzt weißt du, warum wir uns nicht angekündigt haben.

Die vagen Andeutungen von Armin hatten mich richtig neugierig gemacht. Was macht bloß die Zenepa Likovic, mit der ich bis morgens in der Früh wild über Gott und die Welt diskutierend am Tisch gesessen hatte? Wenn jemand uns mehr über Montenegro erzählen kann, als wir aus Reiseführern herausklauben können, dann ja wohl sie. Und so sind wir dann tatsächlich an diesem Novembertag im Jahr 2017 bei dir gelandet.

Und jetzt kommt der zweite Dank: Du hast uns auf deine sehr individuelle Weise in die aktuelle Politik und Landeskunde Montenegros eingeführt. Das war großartig. Wir alle, besonders aber die Kinder, werden das sicher nie vergessen.

Ich erinnere mich, als wir in Ulcinj ankamen, war die Stadt wie ausgestorben. Im Sommer ist hier Highlife, tanzt das Leben Cha-cha-cha, oder besser Techno. In den Strandbars, den Discos und den zahllosen Cafés an der Promenade. Ulcinj ist eine Frühlingsommerherbst-Stadt. Im Hochsommer quetscht sich mit Sonnencreme eingeschmierte Haut auf jeden freien Quadratzentimeter des kleinen Stadtstrands. Das muss man, glaube ich, nicht sehen. Im Winter hingegen: Stille. Das Geräusch der seicht am Kai des kleinen Bootshafens brechenden Wellen, der leichte Wind über dem Strand, ab und an ein Auto oder ein breitbeinig auftretender Jugendlicher, der seine Nase in die Cafés steckt. Alte Herren mit bestickten Cappys und Gehstöcken. Sonst nichts. Und niemand. Nur wir, allein am Strand. Die Kinder fielen nach Tagen eingequetscht im Auto über ihn her, buddelten den Sand von unten nach oben, Charlie raste kreuz und quer von rechts nach links, schlug Haken. Vor Freude, vor Ausgelassenheit, vor Freiheit. Als wir das erste Mal den Muezzin rufen hörten und die Minarette der Moschee direkt am Strand wahrnahmen, sah mich Liv beinahe ehrfürchtig an und rief:»Mama, da ruft Gott!«

Hinter der Stadtmauer, in der Altstadt, die die Reiselektüre mit »einen Besuch wert« beschreibt, flanierten wir über jahrhundertealte ausgewaschene Stufen und Steine. Griechische Exilanten und römische Heere, osmanische Eroberer, Venezianer, Österreicher, Ungarn, Serbenfürsten, italienische und deutsche Besatzer und irgendwann auch mal ein waschechter Montenegriner hatten die Stadt über die Jahrhunderte wahlweise als Piratennest oder als Umschlagplatz für Sklaven und weniger heikle Handelsgüter genutzt. Zwischen all den Eroberungen und dem kargen Leben hatten die Bewohner des mittelalterlichen Ulcinj gewiss nur wenig Muße, den sensationellen Blick über die historischen Gemäuer, die Felsküste mit den vom Wind gebeugten Kiefern und den aufrechten Pinien oder über die kilometerlangen Sandstrände im Süden der Stadt schweifen zu lassen. Um als sonnenreicher Wellnessort an der kristallklaren Adriaküste durchzustarten, sollten noch ein paar Jahrhunderte vergehen. In der Mitte des turbulenten 20. Jahrhunderts, als Montenegro noch ein Teil Jugoslawiens war, fielen dann die Deutschen ein, diesmal friedlich, mit Sonnencreme und Badelatschen.

Dicht an dicht sind die Gebäude der kleinen Altstadt gebaut. Und sie dienen auch heute, also nach der Pulverisierung Jugoslawiens, noch dazu, Gäste zu bewirten und ihnen Unterkunft zu geben. Als wir hungrig durch die verwinkelten Gassen trödelten, fanden wir ein einziges um diese Jahreszeit geöffnetes Restaurant. Das Kalanja. Am wärmenden, gusseisernen Ofen saß ein Mann tief in die Couch gerutscht, die Schürze um die Hüfte gewickelt. Wenn uns jemand etwas zu essen zubereiten würde, dann der. Aber nur, wenn er das Plätzchen am wärmenden Ofen gegen den Herd eintauschen würde. Das hier war nicht Nebensaison, hier herrschte Off-Season-Stimmung. Der beste Garant dafür, mit den Menschen besser ins Gespräch zu kommen. Und was für ein Glück, dass der Wirt dich sofort kannte, Zenepa Lika, obwohl ich den Namen genannt hatte, den du damals in Deutschland getragen hast, Zenepa Likovic. Du hast es mir später erklärt: Das »vic« hattest du nach der Unabhängigkeit Montenegros im Jahr 2006 abgelegt und deinen Namen wieder gegen deinen albanischen Familiennamen »Lika« eingetauscht. Das »vic« war verordnet in diesem neu gegründeten Königreich Serbien im Jahr

1918, die Namen der Untertanen sollten serbisch klingen. Das war für dich nicht mit deinen albanischen Wurzeln vereinbar.

Im Kalanja griff der Restaurantbesitzer, der umweglos auf Deutsch mit uns palaverte, sofort zu seinem Handy und rief dich an, als ich ihn nach dir fragte: »Hallo, Zenepa, hier ist eine Freundin von dir aus Deutschland, die dich sucht. Ich geb sie dir mal.« Und schon hattest du mich am Apparat und keine fünf Minuten später waren wir für den nächsten Mittag verabredet.

Als wir uns dann im Plaza gegenübersaßen, wusste ich plötzlich genau, warum ich dich wiedersehen wollte. Du hast einfach diese Power, groß wie ein Berg und stark wie ein Bär. Nein, lachtest du, Bürgermeisterin seist du nie gewesen, aber immerhin die Stellvertreterin. Aber den Job seist du schon ein paar Jahre los. Zu aufmüpfig, widerspenstig, zu wenig kompromissbereit, wenn es darum ging, das Gesetz in die ein oder andere Richtung zu dehnen. Du hattest kaum angefangen zu erzählen, da verstand ich, dass du mit deinen Kämpfergenen in die Opposition musst. Bist du mittlerweile für die Bürgerbewegung URA im Stadtrat gelandet? Ich hoffe doch sehr für Ulcinj, dass du es geschafft hast! Dort wirst du euer 20 000 Einwohner zählendes Städtchen sicher noch mehr aufmischen, als du es schon bei unserem Besuch getan hast.

Nichts weniger als »ein neues Montenegro« wolltest du, eines, das weniger korrupt ist und in dem es nicht um ethnische Abstammung, sondern um Menschen, um Können, um Gesetze geht. Ein Montenegro, das sich endlich seiner Naturschätze bewusst wird und für sie kämpft, statt sie mutwillig zu zerstören.

Als du uns dann mehr von Montenegro erzähltest, damals im Plaza, bekam all das Schöne um uns herum einen

Knacks. »Schaut euch um«, sagtest du und deutetest auf die Bauruinen, die Bauskelette, die unfertigen und halb fertigen Betonklötze, »schaut euch um, hier ist kein Haus nach einem Bebauungsplan entstanden. Und wenn es einen gegeben hat, so hat sich niemand daran gehalten.« Zwei Stockwerke seien erlaubt, gebaut werden vier – und mehr. Mehr Stockwerke, mehr Touristen, mehr Kohle, so die einfache Rechnung.

Nach dem ersten Kaffee steckten wir knietief im politischen Diskurs um den EU-Beitrittskandidaten Montenegro. In den Jugoslawienkriegen kämpfte Montenegro an der Seite Serbiens. Erst seit dem Jahr 2006 ist das kleine Land ein eigener Staat, mit Einwohnern so gemischt wie früher ganz Jugoslawien. Montenegriner, Bosniaken, Serben, Muslime, Albaner, Kroaten und Roma. Montenegro stehe immer noch für hohe Kriminalität, Schmuggel, Korruption – das organisierte Verbrechen existiere auch heute weiter, erklärtest du uns. Hier könne immer noch jeder machen, was er wolle, wenn er das nötige Geld dafür mitbringe und die richtigen politischen Verbindungen habe. Auf dieses zwielichtige Montenegro hattest du einfach keine Lust. »Weißt du, ich habe Ideale«, sagtest du und schautest mich an. Dein Gerechtigkeitssinn und deine Streitbarkeit werden mir wohl immer in Erinnerung bleiben (nur kurz hinter den Ustipkes deiner Mutter) und imponieren mir noch heute.

Beim dritten Kaffee und der x-ten tief inhalierten Lucky erzähltest du davon, dass du im Jahr 2008 als Architektin in Podgorica angestellt warst, der Hauptstadt Montenegros, aber weit mehr Lohn erhalten solltest als deine Kollegen, weil du in Deutschland studiert hattest. Dafür hattest du nur wenig Verständnis. Deshalb legtest du deine Kündigung auf den Tisch und gingst zurück nach Deutschland, bis du im Jahr 2014 einen Anruf bekamst und man dich bat, als stellvertretende Bürgermeisterin nach Ulcinj zu kommen. Dieses Angebot kam für dich gerade recht, denn du wolltest nichts anderes als Veränderung für Montenegro, »damit die Generationen nach uns in einem Land leben können, in dem es sich zu leben lohnt«. Als stellvertretende Bürgermeisterin hofftest du, Einfluss genug zu gewinnen, um Veränderungen einzuleiten. Aber du hast es ganze zwanzig Monate ausgehalten, bis du für einige offensichtlich zu viel an Veränderung wolltest. Man schob dir einen Umschlag unter die Tür deines Büros. Draufgetreten seist du, auf deine Entlassung. So läuft das in Montenegro.

Aber du gabst nicht auf. Als Architektin wolltest du nicht mehr arbeiten, denn du hättest Teil eines Bausektors werden müssen, der losgelöst von der Natur, ohne Bedacht von Proportionen, weder traditionell noch nachhaltig baute; das Gesicht des kleinen Ortes werde immer mehr zugekleistert mit Beton. Statt dich aber über die Bausünden der Stadt oder deinen Rauswurf aus der Politik zu grämen, saßt du von nun an in der Stadtverwaltung mit einem deiner Lieblingsthemen im Nacken, dem Naturschutz. Eine der größten Meerwassersalinen der Balkanregion drohte zum Luxusressort zugebaut zu werden. Auf dem fünfzehn Quadratkilometer großen künstlichen Feuchtgebiet rasteten jährlich Hunderttausende Zugvögel auf ihrem Weg nach Afrika beziehungsweise zurück nach Sibirien. Die Konstellation aus Feucht- und Trockenphasen hat die Lagune zu einer der wichtigsten Rast-, Brut- und Überwinterungsgebiete an der östlichen Adriaküste gemacht. In der fast surrealen Landschaft aus Seen und Becken, aus Feuchtgräsern und Schilf leben über 250 seltene Vogelarten, darunter Flamingos und Pelikane. Sollte die Saline trockenfallen, fehlte den Vögeln der Lebensraum. Mit der Saline als Herzensthema hattest du dich direkt in eine Schlangengrube begeben. Denn das Gebiet wurde erst privatisiert, für einen Spottpreis verkauft, dann wurde die Saline runtergewirtschaftet, das Areal zum Bauland erklärt und stand kurz danach als Angebot für ein Luxusressort auf dem Markt. Und das, obwohl die Saline international als schutzwürdig eingeschätzt wird. Jetzt kämpfen NGOs und Aktivisten wie du, Zenepa, gegen Landes- und Lokalpolitiker. Ich hoffe doch sehr, dass du weiter trommelst und an der Rettung der Saline dranbleibst. Aber so wie ich dich an jenem Sonntag kennengelernt habe, habe ich auch daran nicht den geringsten Zweifel. Ich bin mir sicher, dass sie alle vor deiner Sturheit kapitulieren, die Hotelentwickler, die Baulöwen, die ganze politische und wirtschaftliche Kaste eures kleinen Landes.

Erinnerst du dich, als wir auf einer steilen Bergstraße unterwegs waren zum Kastanienhain von Ostros, ganz nah am schillernden Skhordasee. Wir warteten gemeinsam an einer Baustelle, an der die Bauarbeiter das abgeholzte Gestrüpp mit Benzin übergossen und anzündeten. Du sprachst sie darauf an, sie zuckten mit den Schultern. »Mir doch egal, ob das erlaubt ist oder nicht, machen wir schon immer so.« Und dann kam der Typ, der in der immer länger werdenden Warteschlange zwei Getränkedosen aus dem Auto ins Grün neben die Fahrbahn warf. Das war zu viel für dich. Du batest ihn, die Dose wieder aufzuheben; erklärtest, es sei verboten, Müll in die Landschaft zu werfen. Der Typ stieg aus dem Auto aus und beschimpfte dich vehement. Er kam auf Tuchfühlung heran, der Speichel rann ihm vor Wut aus den Mundwinkeln. Als dann ein Passant versuchte zu schlichten, ging's sofort mit den Fäusten los. So hatte ich mir den Balkan insgeheim vorgestellt, ungezügelt, wild. Dich schien das Ganze kein bisschen aus der Ruhe zu bringen, du schicktest nur die Kinder zurück ins Auto. Griffst in die Manteltasche, telefoniertest mit der Polizei und batest den Randalierer, doch bitte zu warten, bis die Polizei komme. Die feinen Tröpfchen Speichel spritzten wieder aus seinem wutverzerrten Gesicht. Was dich aber immer noch nicht anfocht. Als er versuchte, seinen VW Golf zu wenden und abzuhauen, stelltest du dich dem Auto einfach in den Weg: mit breiter Schulter, das Handy in der Hand, holtest du deine Luckys aus der Tasche und zündetest dir eine an. Das Auto hielt an, drehte, fuhr auf seinen Platz zurück. Als die Polizei kam, begrüßten die Uniformierten den Dosenwerfer per Handschlag und freundschaftlichem Klaps auf die Schulter. Man kennt sich. Man hilft sich. Da verstand ich plötzlich, was du uns über Vetternwirtschaft erzählt hattest.

Du siehst, ich erinnere mich sehr gut an unsere Tage in Ulcinj. Und ich wüsste wirklich gerne, wie es dir geht. Wir sind schon seit ein paar Monaten wieder daheim, aber das erzähle ich dir ein anderes Mal. Liebe Grüße an deine Eltern, ich hoffe, wir sehen uns bald wieder.

Mo

»PASST AUF IN ALBANIEN«

Zweiundzwanzigstes Kapitel, in dem Vorwarnungen sich als gegenstandslos erweisen

November 2017, einmal quer durch Albanien

Gefühlt sind wir vor so ziemlich jeder Grenze vor dem jeweiligen Nachbarland gewarnt worden. »Passt auf in Serbien«, »Seid vorsichtig in Bosnien«, »Augen auf in Montenegro« und so weiter. Und so bleibt natürlich auch das »Habt acht in Albanien« nicht aus. Worauf genau wir aufpassen sollen, wissen wir nicht. Die Straßen schlecht, die Menschen wild, Drogenkartelle, Schmugglerbanden. Solche Sachen halt. Immerhin gilt Albanien auch offiziell immer noch als Armenhaus Europas und aus manchen Ecken des ehemaligen Ostblockstaates kommen mächtig viele Drogen, die über Europa ausgebreitet werden. Da müssen doch an jeder Ecke Kriminelle auf uns lauern, oder?

Mit unserem runtergerockten T3 machen wir uns wenig Sorgen, Zielscheibe von Diebesbanden zu werden, denn wenn wir eines nicht ausstrahlen, ist es das dicke Bündel Bargeld, das wir im Handschuhfach versteckt haben könnten. Bei uns ist nichts, aber auch gar nichts zu holen, und das sieht man auf den ersten Blick. Das Seltsame ist, wenn man wie wir mit Warnhinweisen gespickt über eine Grenze tritt, schaut man unweigerlich anders auf das Land, in das man fährt. Misstrauischer, vielleicht mit ein wenig Argwohn. Man schaut sich die Leute etwas genauer an. Was würde uns in Albanien begegnen? War Albanien gar gefährlich? An der Grenze werden wir kurz und unkompliziert ins Land gelassen, »willkommen in Albanien«. Mein erster Eindruck von der Straße sagt mir: Angerostete Karren wie die unsere will in Albanien kein Mensch mehr fahren.

Tatsächlich gibt es auch heute noch viele, die einen großen Bogen um Albanien machen, vielleicht wegen der immer noch kursierenden Warnhinweise. Eine recht junge Individualreisenden-Community hingegen feiert das Land gerade als neues Mekka. Noch kursiert Albanien in Blogs und Reisegazetten als Geheimtipp, von menschenleeren Stränden, einsamen Buchten, kristallklarem Wasser und so fort schwärmen die Kolumnisten. Ich denke, die Menschen hier sind unendlich dankbar, dass die jahrzehntelange Isolation unter Enver Hoxha langsam in Vergessenheit gerät. Jeder Besucher, der in ihr gleichsam Berg- wie wasserreiches Land voller Naturschönheiten, stalinistischer Zweckbauten und Hunderttausende Bunker aus der Ära des paranoiden Diktators gespült wird, ist eine Bereicherung. Als weithin unbeachtetes, beinahe vergessenes Land könnte Albanien fast dreißig Jahre nach dem Ende seiner kommunistischen Schreckensherrschaft endlich aus seinem Dornröschenschlaf erwachen.

Weil es schon spät ist und wir uns erst einmal orientieren müssen, biegen wir eine Stunde hinter der Grenze in Shkodra ab. Ab auf den Camping Legjenda, dessen Werbetafeln von weither zu sehen sind. Dort heißt uns Linda in sehr gutem Englisch willkommen und stellt uns ihren Mann Franc (gesprochen Franz) vor, der Italienisch und Albanisch spricht. Für die beiden, das spürt man bei der ersten Begegnung, sind der kunstvoll gestaltete Campingplatz und das designte Restaurant gleich nebenan eine Herzenssache. Albanien bekommt intern meinen Pluspunkt Nummer eins. Abends gibt's dann statt der üblichen Zwei-Flammen-T3-Küche erfreuliche Abwechslung: Chicken Curry, Kalbsmedaillons, gegrillte Scampi und einige Köstlichkeiten mehr, inklusive Wein und Getränke für um die 3900 Lek. Endlich wieder eine neue Währung, nach Kuna und Dinar wieder etwas zum Umrechnen. Mathe live. Die Kinder kommen auf rund dreißig Euro, was für dieses Festmahl geradezu geschenkt ist. Albanien bekommt unseren Pluspunkt Nummer zwei.

Franc lässt schon kurz nach unserer Ankunft den gewaltigen Pool wieder volllaufen, den er just einen Tag zuvor abgelassen hatte, weil er Mitte November keine Besucher mehr erwartet hatte (Pluspunkt Nummer drei). Zwei Tage soll das Wasser stetig sprudeln, bis die Kinder bei frostigen Temperaturen tatsächlich in den vollen Pool springen, um Franc die Freude nicht zu nehmen.

Wir fragen ihn, ob er uns einen Ausflug in die Umgebung empfehlen kann. Franc greift zum Google-Translator und fragt auf Italienisch:»Wollt ihr einen Ausflug nach Shurdhah Island machen? Dort gibt es die Ruinen einer mittelalterlichen Siedlung zu sehen, die heute aus dem aufgestauten Drin herausschauen.« Wir auf Deutsch in den Google-Translator:»Hört sich gut an. Wie kommt man denn da hin?«Franc gibt»Rragam«ins Navi ein, das

24 Minuten Fahrzeit ausspuckt. Ein von ihm instruierter Mann soll uns mit einem Boot auf die Insel bringen. Im Auto fragt Andi:»Wie finden wir denn denjenigen, der uns auf die Insel bringen soll?«Ich:»Keine Ahnung, aber lass uns mal losfahren.«

Wir rollen durch Shkodra, das immer kleiner wird, fließend in Dörfer und Felder übergeht. Am Wegesrand türmen Männer mit ihren Heugabeln loses Heu über ihre Köpfe auf die Ladefläche eines uralten Pick-ups. An vereinzelten Cafés sitzen junge und alte Männer und schauen kurz von ihren Espressotassen auf, wenn wir vorbeifahren. Die Luft ist klar und rein, der Himmel nah. Langsam nähern wir uns einer herbstlich leuchtenden Berglandschaft. Als wir über die holprigen unbefestigten Wege von Rragam fahren, drehen Jugendliche ihre Köpfe nach uns um, lässig auf ihren Mopeds hockend. Plötzlich macht einer der Jungs mit lautem Hupen auf sich aufmerksam und deutet uns, ihm zu folgen. Nun kommen wieder die Albanienwarnungen ins Spiel. Wir denken einen Moment an eine Finte, beschließen aber instinktiv, dass das vielleicht ein Teil unserer von Franc organisierten Etappe nach Shurdhah Island sein muss. Wir folgen dem Jungen, der uns zu einem hageren Mann führt. Die Haare schief in der Stirn, die Zigarette im Mundwinkel, die Hände von der vielen Arbeit ganz rau, bedeutet er uns, ihm zu folgen. Er bringt uns zu einem Zaun, öffnet das windschiefe Metalltor und weist uns auf der Wiese ein. Hinter uns schließt er das Tor. Umrundet von Federvieh und kläffenden Hunden verschließen wir den Wagen und hoffen, dass wir uns nicht in eine Sackgasse manövriert haben. Unser Guide spricht keine Sprache, die wir sprechen, und wir nicht die seine. Er wirft sich einen Außenbordmotor über die Schulter, marschiert los und nickt uns abwartend Dastehenden zu mitzukommen. Gemeinsam steigen wir auf die Mauer eines Stausees hinauf, und auf der Rückseite der Staumauer liegt dann sein Kahn. Lächelnd und schweigend setzt er uns nach Shurdhah Island über. Und plötzlich verstehen wir uns, ohne ein Wort zu wechseln. Der See, die umgebenden Kalkfelsen, die dicht bewachsene Berglandschaft, die kleine Insel mit ihren Ruinen und Resten eines Lebens aus vielen vergangenen Jahrhunderten. Während der Zeit des Diktators Enver Hoxha, der jede Art von Religiosität unterdrückte, war die Insel in Vergessenheit geraten, vielleicht wegen der 365 Altäre, die in der untergegangenen Stadt Sarda 365 verschiedenen Heiligen gewidmet gewesen sein sollen. Zu viele Heilige für einen übereifrigen Kommunisten. Die Albaner haben die Stätte heute wiederentdeckt und feiern Enver Hoxha zum Trotz wieder Gedenkgottesdienste an diesem besonderen Ort. Davon wissen wir allerdings noch nichts, als wir beseelt von der Schönheit und dem Glanz des Wassers mit unserem Guide über den See fahren. Nach der Rückkehr, auf dem Hof unseres Guides, begrüßt uns seine Tochter schüchtern auf Englisch. Sie lernen die Sprache in der Schule, sagt sie stolz. Wir verabschieden uns, winken, freuen uns, dass wir den Menschen vertraut haben. Albanien hat wieder einen Riesenpluspunkt mehr. Und wir beschließen, mündlich verbreitete Warnmeldungen über Nachbarländer nun endgültig zu ignorieren, weil wir sie als Vorurteile und Angst vor dem Unbekannten entlarvt haben.

Nach unserem Shurdhah-Island-Abenteuer sind wir entspannter. Lungern an Stränden herum, lassen uns bekochen, was mal viel und mal wenig Geld kostet – feste Preise scheint es nicht zu geben. Einkaufen gleicht einem

Abenteuer, für ein bisschen Obst und Gemüse lässt man mich mal 1000 Lek bezahlen, und der Verkäufer lächelt mich dabei wahlweise an oder aus. Da mir das zu viel erscheint und wir uns nach wildem Palaver nicht einigen, deute ich an, mir noch ein paar Chipstüten und Erdnusspackungen dazuzunehmen, was johlend akzeptiert wird. Dann werde ich beinahe staatsmännisch verabschiedet. In den folgenden Tagen staunen wir immer wieder über die Gegensätze, die dieses Land auszumachen scheinen: modernste Karossen und hochglanzpolierte SUVs auf EU-finanzierten Landstraßen, an dessen Rand Hirten zu Fuß mit Schafen, Ziegen oder Truthähnen entlangspazieren. Dörfer, die aus einem B-Movie über Europas vergessene Landstriche stammen könnten. Luxuriöse Campingplätze und Armut an deren Zaun.

Nachts, und über verschlungene Bergstraßen kommend, erreichen wir irgendwann Griechenland. Über die Griechen hatten wir uns jahrelang Vorurteile anlesen können. Aber wir geben nichts darauf.

KENNENLERNEN

Dreiundzwanzigstes Kapitel, in dem wir Gefährten finden und das erste Mal auf der Reise richtig Ferien machen

Anfang Dezember 2017, Leonidio, Peleponnes

Irgendwann wachen wir am Meer auf. Am Morgen dieses klaren Wintertags spüren wir Sand unter unseren Füßen und den Wind im Gesicht. Das Meer zum Anfassen nah. Doch erst einmal lugen Andi und ich durch die selbst genähten Vorhänge unseres Bullis hinaus. Uns gegenüber, vor einem bunt gestreiften Ungetüm von Omnibus, sitzen im Abstand von vielleicht zehn Metern ein Mann und eine Frau auf ihren Campingstühlen und lassen sich wärmen, die frühmorgendlichen Strahlen der Dezembersonne im Gesicht und zwei dampfende Kaffeebecher in den Händen. Den Typen kenne ich, er ist sogar der Grund, warum wir hier sind. Doch beim Anblick des übermächtigen Käßbohrer Setra, der aus den Siebziger- oder Achtzigerjahren stammen muss, und in Anbetracht unserer eigenen, ärmlich erscheinenden Miniaturausgabe eines Reisemobils kommen mir Zweifel, ob es wirklich eine gute Idee gewesen ist, einer Facebook-Bekanntschaft zu folgen und Martin und seine Familie aufzuspüren. Dass wir uns ohne große Ankündigung Bus an Bus gegenüberstehen, war meiner Initiative geschuldet. Ich wollte unbedingt Leute kennenlernen, die ähnlich ticken wie wir, ähnlich unterwegs sind, gleichsam ein wenig abseits der ausgetretenen Pfade ihren Weg suchen. Doch ob man tatsächlich auf Gleichgesinnte traf, dafür gab auch eine ähnliche Wahlreiseroute keine Garantie. Jede neue Begegnung erfordert Offenheit und beweist uns ein ums andre Mal, dass wir längst nicht so cool sind, wie wir es von uns erwarten. »Geh du hin«, bitte ich Andi, »ich trau mich noch nicht.«

Auf Martin und seine Familie bin ich schon vor dem Start unserer Reise auf Facebook gestoßen. Sie waren die einzige Familie, auf die wir trafen, die sich genau in dem Zeitraum, in dem wir unterwegs sein wollten, ebenso eine Auszeit genommen und eine ähnliche Route wie wir im Sinn hatte: im Sommer nach Skandinavien, langsam Richtung Süden pendeln, den Winter möglichst weit im Süden am Meer verbringen und mit einer ebenso gemächlichen Taktung wieder nach Hause zurückkehren. Hinter den Vorhängen unseres Minimobils versteckt, denke ich: Bei denen hat scheinbar alles genauso geklappt wie geplant. Im Bus komfortabel durch Europa gleiten. Gemütlich vor der Tür in der Sonne sitzen, entspannt sein. Irgendwo pocht bei dieser Erkenntnis ein klein wenig Neid, ganz hinten im hintersten Winkel meines Gehirns. Aber wir sind ja schließlich auch irgendwie im Süden und am Meer gelandet, sage ich mir. Kein Grund zum Trübsal blasen. Auch nicht zum peinlich Berührtsein wegen unseres Minivans. In den nächsten Minuten, die ich noch zögernd im Bus verbringe, unschlüssig, ob ich mich dazu aufraffen kann, hinauszutreten, mache ich mir Gedanken, ob es moralisch verwerflich ist, in diesem Augenblick Neid zu empfinden. Was zählt im Leben eines Menschen, das, was er denkt, oder das, was er tut? Sind es die Handlungen eines Menschen, die es zu beurteilen gilt, oder muss seine Motivation bei der Beurteilung mit ins Feld geführt werden?

Ein paar Augenblicke später unterbricht der Anblick von Andi meine Gedankenspiele, denn er ist mit den beiden lächelnd im Gespräch vertieft, alle drei mit monströs anmutenden Kaffeebechern in der Hand, Andi gleichfalls tief eingesunken in einen dritten mit Schaffell bedeckten Campingstuhl. In diesem Moment beschließe ich, dass das zählt, was man tut und der Anflug von Neid nicht den beiden, sondern dem verrückten Verlauf unserer Reise geschuldet ist. Ich nehme meinen Mut zusammen, richte mein Haar und versuche mich der Gruppe aufrecht, selbstbewusst und mit einer möglichst positiven Ausstrahlung zu nähern. Martin erhebt sich, wir erkennen uns von unseren Facebook-Profilen und starten die Begrüßungszeremonie. Beide, Walli mit ihrem blonden lockigen Haar und Martin, mit seinem grau melierten Rauschebart und dem langen glatten, noch ziemlich braunen Haar der Inbegriff des coolen Hipsters, knacken mich in den ersten Minuten mit ihrem Südtiroler Akzent und ihrer herzlichen, durch und durch relaxten Art. Was ein halbes Jahr Reisen ohne Stress doch bewirken kann!

Während wir Erwachsenen uns in sicherem Abstand beschnuppern und höflich in einer Informations- und Fragerunde kennenlernen, kriechen die Kinder von beiden Seiten langsam aus ihren Schlafkojen und gesellen sich mindestens genauso schüchtern zu uns, wie ich es gewesen bin. Ein etwa zehnjähriger Junge mit dunklem glattem Haar wird uns als Julian vorgestellt und drückt sich um Wallis Bein herum, wie ein paar Minuten später auch Paul, Fannie und Liv wieder an meinen Beinen festzukleben scheinen. Die Tür des bunten Reisebusses öffnet sich erneut und ein etwa vierzehnjähriges Mädchen mit langem glattem Haar tritt heraus und setzt sich zu uns: Tamara. Hinter dem Fenster des Busses sehen wir ein drittes Kind, das sich offensichtlich erst an unsere Anwesenheit gewöhnen muss. Der etwa zehnjährige Junge schaut halb versteckt hinter den Vorhängen hervor. »Wir waren lange allein«, erklärt Walli den Umstand, dass Marian seine Zeit braucht, um aufzutauen. Im Gegensatz zu uns, die wir schon aufgrund der Größe unseres Busses zu Zwischenstopps gezwungen sind – und sehr dankbar für die daraus resultierenden Begegnungen –, hat die Familie Drescher ihre Zeit fast ausschließlich miteinander verbracht.

Es dauert jedoch nur kurze Zeit und die Jungs lassen ihre Drohnen am Strand fliegen, steigen in ihre Neos und steuern das Boot der Dreschers in der Bucht vor Leonidio. Sie fischen und schwimmen, tauchen und tummeln sich wie junge Hunde. Ihnen allen tut die Gesellschaft gut. Wir anderen kümmern uns um die Kätzchen, die die Dreschers adoptiert haben. Tamara bekocht uns mit Pizza und Tiramisu, und wir verbringen unsere Tage zwischen Strand und unseren Mobilen, trinken Kaffee kannenweise und gehen abends in der kleinen Taverne am Hafen essen. Statt Klein gegen Groß auszuspielen, haben wir aus den beiden Gefährten eine Wagenburg gebaut, der Käßbohrer bricht für uns mit seinem breiten Kreuz den Wind. Wir essen meist vor unseren Bussen, an einem langen Tisch. Wenn es Abend und dunkel wird, erleuchten Lampions unsere Tafel und die von illustren Ideen, heißen Diskussionen und der Sonne erhitzten Gesichter. Wie haben wir vor der Reise gelebt? Wie wollen wir zukünftig unser Leben verbringen? Sollen wir unsere Kinder wieder in Schulen schicken, wenn unsere Reisen beendet sind? Sehen wir nicht an der Entwicklung unserer Kinder, wie gut es ihnen tut, in einer freien, unreglementierten Art und Weise zu lernen? Was können wir tun, um sie zu begleiten und nicht zu biegen? Ihre Geister freilassen, statt sie einzuzwängen?

Ich habe mich nicht getäuscht. Die Entscheidung, eine Auszeit zu nehmen und mit Kindern zu reisen, scheint tatsächlich auf ähnlichen Wertvorstellungen und Lebensentwürfen zu beruhen. Wir zwei Familien passen perfekt zusammen.

Als wir uns nach zwei Wochen verabschieden, sind wir gewiss, dass dies kein Abschied für immer sein wird. Wir sollten uns schon bald wiedersehen.

EIN WINTER AUF KYTHERA

Vierundzwanzigstes Kapitel, in dem wir das erste Mal mediterrane Winterstürme erleben, fast vom Blitz getroffen werden und griechisch-orthodoxe Weihnacht feiern

Weihnachten 2017, Aroniadika, Kythera, Griechenland

Fragt mich nicht, wie wir ausgerechnet in diesem Kaff gelandet sind. Aroniadika, ausgesprochen mit diesem griechischen »th«, das uns noch mehr als das englische Pendant grimassierende Verrenkungen abverlangte. Dazu steckt in Aroniadika noch ein »r«, genüsslich auf der Zungenspitze zurechtgeflattert, und betont wird das Ganze auf dem zweiten »a«, sodass wir ungefähr bei »Arrroniaaathika« enden, wobei das »thika« so schnell ausgesprochen wird, als ob es verschluckt würde. Versuchen Sie das mal. Immer wenn wir auf unserer Insel Kythera (mit ähnlicher Intonation und eben diesem »th«) gefragt werden, wo wir denn wohnen, und wir mit »Aroniadika« antworten, heißt es: »Ahhhh, Arrrroinaaathika«, was uns trotz beinahe täglicher intensiver Übung beweist, dass wir einerseits vom erwünschten Endergebnis der

197

Aussprache noch weit entfernt sind, obwohl wir schon ein paar Wochen auf der Insel residieren. Andererseits aber auch, dass jeder, mit dem wir ins Gespräch kommen, diese Ansammlung von ein paar Häuschen plus Supermarkt kennt.

Nach Wochen auf der Insel fällt uns die Interpretation dieses Umstands zunehmend leichter. Erstens: Die Insel ist verdammt klein und Aroniadika liegt so ziemlich in der Mitte. Hier muss jeder durch, der die leidlich größeren Ortschaften Karavas oder Kapsali ansteuert, in den Fischereiladen nach Potamos oder nach Diakofti zum Hafen will. Achtundzwanzig Kilometer lang und sechzehn Kilometer breit, das ist gerade mal ein bisschen mehr als die Hälfte der Stadtfläche von Köln. Zweitens: Aroniadika zeichnet sich durch eben jenen Supermarkt aus, bestens bestückt und sogar sonntags geöffnet. Klar, dass das unscheinbar erscheinende Dorf auf der Bekanntheitsskala unter Kytherianern weit oben rangiert; wie ehrlich gesagt jedes der rund fünfzig über das Eiland verteilten Dörfer jedem der etwa 3000 Einwohner konsequenterweise bekannt sein dürfte. Man kennt sich.

Oder eben nicht. Und dann kommen wir ins Spiel. Wenn nämlich mitten im Dezember plötzlich Menschen auftauchen, die ganz offensichtlich keine Einheimischen sind, ruft das schon mal den ein oder anderen verrenkten Hals hervor. Was macht diese Familie hier mitten im Winter? »Wir sind dabei, eine Perle zu fischen«, denke ich mir dann und grüße freundlich.

Jedenfalls, Dezember auf Kythera. Nach Montenegros Küstenstadt Ulcinj sind wir offensichtlich erneut in einem nur saisonal bewohnten Landstrich unseres Kontinents gelandet. Die Schlagläden dicht, die Dörfer wie ausgestorben. Letzteres erscheint uns nach erster

Recherche aber nicht bloß dem ausschließlichen Sommertourismus geschuldet, da spielen noch ganz andere Faktoren mit. Unser Dorf besteht zumindest zur Hälfte aus Wohnstätten in allen Graden des Verfalls. Ruinen, Überreste ehemaliger Wohnhäuser, aber auch noch ganz gut erhaltene, verlassene, mit Schlössern wenig effektiv verriegelte Bauten, in denen es aussieht, als habe man fluchtartig das Weite gesucht. Hier müssen einmal bei Weitem mehr Menschen gelebt haben als heute. Und auch die teils aufwendig angefertigten Bewässerungssysteme, die wir bei Streifzügen über die Insel entdeckt haben, lassen uns stutzig werden. Hier muss doch einmal mehr los gewesen sein! Und wo sind die alle hin, die hier einmal gelebt haben? Warum haben sie der Insel den Rücken gekehrt? Ist doch so schön hier. Wir werden das Rätsel schon noch lösen.

Doch erst einmal: Wie genau sind wir hier gelandet, in Aroniadika, diesem Weiler auf dieser kleinen ionischen Insel mit einer sehr überschaubaren Anzahl an Bewohnern? Das war so: Auf der Suche nach einem Überwinterungsquartier in Griechenland lag es nahe, dass wir Kreta ansteuern. Weiter südlich geht nicht, und weiter nördlich bedeutete, es wird wieder kälter. Und immerhin gab's eine Facebook-Community »Überwintern auf Kreta«, was zumindest darauf schließen ließ, dass es sich lohnen könnte, den Winter auf der Insel zu überbrücken. Während ich also fleißig das große weite Internet durchsuchte, fand Andi ein wunderschönes Anwesen auf einer Insel namens Kythera, die südlich des Peloponnes auf der Schiffsroute nach Kreta liegt und dort von den meisten Touristen buchstäblich links liegengelassen wird. Wir verliebten uns sofort, nicht in Kythera – das sollte erst im Lauf der Wochen vor Ort geschehen –, sondern in das

Haus. Gebaut vor 250 Jahren, wie eine Festung, verwinkelte Trakte, mit Treppen verbundene Terrassen, ein vor der Hitze des Sommers schützender, von dicken Mauern umgebener Patio. Das Ganze mit erdfarbenen Mauern, Fensterläden in helltürkis und diesen einfachen, tönernen Dachziegeln, alles eingewoben in eine Pracht leuchtend violett schimmernder Bougainvilleen. Das war genau das, wonach wir suchten, total egal, wo es lag. Jetzt mussten wir nur noch mit dem Eigentümer über den Preis verhandeln, und dann würde zumindest ein Appartement dieses Traumanwesens zu unserem Winterquartier umfunktioniert werden.

Und tatsächlich, mit Andreas, schon wieder ein Schweizer, einigten wir uns auf einen passablen Winterpreis. Wir würden in einem Juwel überwintern! Der Jubel klang über den ganzen Peloponnes, als wir den Kindern eröffneten, dass wir hier Weihnachten feiern würden. Denn Weihnachten, das war schon seit Monaten Thema, das wollten die Kinder auf keinen Fall im Bus verbringen. Tannenbäumchen auf der Frontablage, Geschenke im Heck und eine Lichterkette rundherum, für uns Erwachsene hätte das durchaus charmante Züge gehabt, doch die Kinder meuterten: Das sei eine Zumutung!

So kam es, dass wir von Leonidio dem Zeigefinger des Peloponnes nach Süden folgten und in Neapoli Voion eine Fähre nach Diakofti nahmen, dem Fährhafen von Kythera. Zwei ganze Tage hatten wir im Hafen ausgeharrt, bis das Wetter und die See es zuließen, dass wir mit der Porfyrousa übersetzen konnten.

Und da waren wir nun. Hatten unser Domizil in Beschlag genommen, streiften durch die verwinkelten Gassen unsers Dörfchens, hörten dem Kläffen der Kettenhunde zu. Wir genossen den Luxus eines Dachs über dem

Kopf, fuhren nach Potamos zum Metzger und Gemüse-
laden und hingen stundenlang im rustikalen Ambiente
des Astikon ab. Das einzige geöffnete Café am Platz – wir
brauchten nicht mehr. Ich glaube, auf einer der Fahrten
ins Astikon bekam ich eine Eingebung: Niemand auf dieser ganzen großen Welt konnte es gerade besser haben
als wir. Mal schien die Sonne vom stahlblauen Himmel
herab, mal genossen wir die sturzbachartigen Nieder-
schläge aus unserem sicheren Heim heraus. Unser Bus
war wie gemacht für die Serpentinenstraßen und die
schmalen Wege der Insel. Wir schienen einfach hierher
zu passen, auf diese unentdeckte Insel im Ionischen Meer.
Sie schien nur so aus versteckten, wildromantischen
Buchten, aus steiler Felsküste und hügeliger Buschland-
schaft, aus jahrhundertealten historischen und religiösen
Stätten zu bestehen. Wirklich auffällig war: Hier war
nichts hässlich. Es gab weder Hochhäuser noch Hotel-
burgen, keine Autokolonnen, nirgendwo ein nicht ästhe-
tisch anmutendes Haus. Wirklich nirgendwo.

In den ersten Wochen auf der Insel passierte immer
etwas Neues. Einmal waren wir mit unserem Bus zum
Strand von Likodimou unterwegs. Eine Serpentinenstraße, steil und schmal, führte uns Kehre um Kehre
heran an eine Felsenbucht mit einem kleinen sandigen
Abschnitt. Wir ließen unsere nackten Füße vom Meeresschaum umspülen, liefen unsere Lebenslust herausbrül-
lend mit Neos in die Wellen. Liv tanzte und johlte vor Ausgelassenheit die tief stehende Sonne an. Als es dämmerte
und die rote Stunde meine Fotografenseele lockte, lief ich
mit meiner Kamera zu einer guten Position, von der aus
ich die Kinder auf dem Dach des Bullis sitzend vor dem
Sonnenuntergang abzulichten gedachte. Ich knipste und
drückte und rief noch ein paar Anweisungen hinunter zu

den Kindern, als ich durch den Sucher wahrnahm, dass nur noch zwei von dreien auf dem Dach des Wagens posierten. Ein paar Sekunden später folgte der Schrei, der mir unmissverständlich klarmachte, dass meine Beobachtung durchaus korrekt gewesen war. Liv war kopfüber vom Dach des Busses gefallen und auf dem asphaltierten Kai gelandet, hatte dabei aber eine so elegante Drehung vollzogen, dass sie außer einem mächtigen Schrecken und Schrammen an Knie und Fuß unversehrt war. Meine Fotoambitionen, so schwor ich mir, sollten meine Kinder nicht mehr in Gefahr bringen. (Aber die Fotos waren immerhin toll geworden.)

Irgendwann waren wir auf Frank gestoßen. Frank van Weerde, meist mit Baseballcappy über dem kurz geschorenen Haar, mit Brille und einem Lächeln im Gesicht, saß in seiner Reiseagentur Pyrgos House, und ich wunderte mich angesichts der aktuell doch sehr überschaubaren Besucherzahlen auf der Insel, dass das Büro tatsächlich geöffnet war. Der gebürtige Niederländer, der, wie sich herausstellte, schon seit vierzehn Jahren auf der Insel lebte, bereitete gerade einen seiner »Sunday Walks« vor. Von Dezember bis März, wenn die Insel im Winterschlaf vor sich hin dämmerte, bot Frank Wanderungen an. Schon seit Jahren. Und die Kytherianer dankten es ihm, dem Zugezogenen, und machten sich zahlreich mit ihm auf, ihre eigene Insel zu entdecken. »Die Leute laufen nicht mehr, sie kennen ihre eigene Insel nicht, da habe ich beschlossen, dass sich das ändern muss.« Seither führte Frank, der im Sommer als Tourguide arbeitet, die Insulaner zu all den wunderbaren und wundersamen Orten, die es geschafft haben, fernab jedes Massentourismus ihren Charakter zu bewahren: die Wassermühlen von Mylopotamos, die venezianische Burg oberhalb der beschaulichen Hauptstadt Chora, die alte Hauptstadt Palaiochora, um die sich zahlreiche Mythen ranken, historische Stätten und Naturschauspiele gleichermaßen.

Kythera lebt heute mit einer Geschichte, die 4000 Jahre alt ist. Und wenn man sie wechselhaft nennt, wäre das glatt untertrieben. Kreter, Phönizier (also aus der Gegend des heutigen Syriens), Griechen, Römer, Byzantiner und Venezianer (große Eroberer und noch großartigere Händler), Franzosen, Russen und Engländer (denen die Insel vor allem Straßen und Brücken zu verdanken hat) gaben sich die Klinke in die Hand. Aber das kannten wir ja schon von Montenegro. Im Unterschied dazu ist auf Kythera, so will es zumindest die griechische Mythologie, aber auch eine Göttin geboren. Aus dem Meeresschaum, gespeist vom Blut und Samen des Uranos, soll Aphrodite, die Göttin der Liebe, der Schönheit und der Begierde vor Kythera geboren und später in Zypern an Land gegangen sein. So viel Schönheit aus einem abgehackten Hoden – in der Antike ging's durchaus hoch her. Jedenfalls: Unseren Geschichts- und Sportunterricht, den wir der Schule unserer Kinder versprochen hatten, verlegten wir mit Frank mal wieder nach draußen. »Mama, warum müssen wir denn so oft wandern?«, heulte Liv trotzdem, denn ihr Wanderenthusiasmus war mit ihren fünf Jahren stark tagesformabhängig. »Wir müssen nicht wandern, wir wollen«, antwortete ich. Die Antwort, vor lautem Schluchzen kaum auszumachen, klang dann alles andere als zustimmend. Auf dem Dorfplatz von Mitata wehte morgens früh ein eisiger Wind, als wir auf den Start der Wanderung warteten. Die Sonne schaffte es aber wie so oft in diesen Wintermonaten auf Kythera, uns Lage um Lage unserer Klamotten abzutrotzen. Bis zum Mittag standen wir im Sweatshirt da. Als sich der Weg endlich zu einem Pfad zusammenschnürte, die Felsen höher und rauer, die Höhlen tiefer und gespenstischer wurden, die Wanderung mehr einem Abenteuerspiel mit Lianenhangeln und Matschrutschen glich, war auch Liv endlich ganz bei uns. Wandern war cool, tat uns gut, wir entdeckten die Insel völlig entschleunigt, Schritt für Schritt, gemeinsam mit Frank und einer bunten Mischung aus Einheimischen und ein paar Zugezogenen. Und alle waren offen und freuten sich, dass wir dabei waren.

Mit jeder Wanderung, die wir mit Frank unternahmen, lernten wir etwas über die Insel. Das Tal von Mitata beispielsweise gehört zu einer der fruchtbarsten Gegenden – ein Beleg ist ein über Jahrhunderte aufgebautes und sorgsam gepflegtes Bewässerungssystem, das uns das ganze Tal hindurch begleitete. Doch von der Landwirtschaft, die in ihren besten Zeiten 15 000 Bewohner aus eigenem Anbau ernährte, ist heute kaum mehr etwas übrig. Drei Auswanderungswellen haben die Kytherianer in die ganze Welt, vornehmlich nach Australien, verweht, der Auszug gleicht einem Exodus. Die Insel schrumpfte mit jeder neuen Welle, besonders Anfang des 20. Jahrhunderts und zuletzt während des Zweiten Weltkriegs. Wirtschaftsflüchtlinge würde man die Auswanderer heute nennen – Europa war offensichtlich nicht immer der Magnet, der es heute ist. Rätsel gelöst, jetzt wissen wir, warum die Insel so ausgestorben ist.

Ganz Kythera riecht nach Geschichte. Man kommt an ihr einfach nicht vorbei. Auch nach Thymian und Lavendel, ja; aber eben auch nach Jahrtausenden wechselvoller Eroberungen und Besiedlungen, nach Siegen und Niederlagen, nach Piratennestern, nach längst vergangenen Epochen. Frank hatte uns von Palaiochora erzählt, der ehemaligen Hauptstadt der Insel in byzantinischen Zeiten. Und auch Palaiochora haben wir erwandert. Über felsige Pfade, durch Bachläufe hindurch, über Geröll und entlang blau-weißer Markierungen, die uns den Weg wiesen, standen wir nach einer Stunde Fußmarsch vor den Ruinen der einstigen Hauptstadt. Allein hier, über einem Canyon thronend, mit Blick auf die Bucht von Kakia Lagada, lebten im 12. Jahrhundert über tausend Menschen. Die Stadt an die Hänge getackert, mit Häusern, die zum Teil übereinandergestapelt waren, schützten sie sich vor Angriffen von Piraten. Die Ansiedlung sollte vom Meer aus schwer einzusehen sein und damit uneinnehmbar. So dachten sich das die ersten Siedler, vierhundert lange Jahre ging es gut. Die Siedler handelten mit Wein und Oliven, bauten Getreide an und gründeten einige der unzähligen Kirchen, die die Insel heute bedecken.

Im Jahr 1537 machte der für seine Brutalität berüchtigte osmanische Pirat Chair-ed-Din Barbarossa dem Plan ein Ende und die Stadt dem Erdboden gleich. Die Geschichte will, dass sich Frauen und Kinder im Gewirr der Gassen und Häuser versteckt hielten und absolute Ruhe herrschte, als Barbarossa mit seinen Mannen in die Stadt kam. Aber dann geschah das, was nicht passieren durfte. Ein Baby weinte. Die Mutter tat Unvorstellbares, um die Gemeinschaft zu retten: Sie erstach das Kind. Doch vergebens: Barbarossa eroberte die Stadt, tötete die meisten der Bewohner und versklavte den Rest. Palaiochora wurde nie wieder aufgebaut. Als wir in den Ruinen standen, spürten wir die Vergangenheit unter der Haut. Und wir sahen unseren Kindern dabei zu, wie sie Geschichte aufsaugten. Sie stützen sich auf ihre Ellenbogen, hingen bis zur Hüfte in Gemäuern, rissen ihre Augen auf und erspürten, errochen und erspähten die vergangenen Jahrhunderte. Auf dem Rückweg dann sprangen die Kinder durch die Bäche hindurch – und waren wieder ganz Teil der Gegenwart.

Lernen bekam für uns auf Kythera eine ganz andere Dimension. Es wurde haptisch. Immer seltener packten wir die Lehrbücher aus, die wir mitgenommen hatten. Mathe, Englisch, Deutsch gerieten in den Hintergrund vor dieser greifbaren Geschichte, in der wir plötzlich lebten. Wir sprachen über die Insel, selbstverständlich über die Antike, wir joggten durch Gesträuch und Olivenhaine (die von Großbränden zum Teil völlig zerstört waren), wir buken und lasen, wir hörten Weihnachtsmusik aus der Konserve, fuhren zum Meer und sinnierten über die Wellen und die Buchten, über deren Entstehung, über Piratennester. Auch den »Mechanismus von Antikythera«, der vor über hundert Jahren aus einem Schiffswrack vor der kleinen, Kythera vorgelagerten Insel Antikythera geborgen wurde, entdeckten wir. Mit diesem ausgeklügelten Mechanismus aus Zahnrädern haben die Menschen im antiken Griechenland schon vor über zweitausend Jahren Sternenkonstellationen und die Zeit berechnet. Mathe, Deutsch und Englisch waren anhand solcher Entdeckungen gleichermaßen gefordert, und es waren alle voll dabei, als es darum ging, dem Geheimnis des Mechanismus mithilfe von Videos und Texten auf die Schliche zu kommen.

Und dann bekamen wir auch noch Besuch. Uli und sein Sohn Lasse hatten den weiten Weg nach Kythera im VW-Bus auf sich genommen, um uns in den Weihnachtsferien zu besuchen. (Uli behauptete felsenfest, dreitausend Kilometer im VW T6 seien eine wahre Freude.) Gemeinsam erleben wir einen Wintersturm, nach dem ich endlich wieder sicher weiß, was der Klimatologe Wladimir Köppen mit dem sogenannten Cs-Klima (warm gemäßigt, winterfeucht) gemeint hat. Wir versuchen, zum Leuchtturm der Insel an die Nordküste zu kommen, werden aber von meterhohen Wellen, die die Küstenstraße versperren, daran gehindert. Dann gibt es noch ein Gewitter, wie wir es bislang nur in den Bergen erlebt haben. Zwischen Blitz und Donner kein Wimpernschlag, und während Uli und Lasse die Naturgewalt im Bus hautnah spüren, sind wir glücklich, Wände um uns herum und ein Dach über uns zu wissen.

Das Gewitter trifft den Telekommunikationsmast keine hundert Meter von unserem Haus entfernt, was uns ein paar Tage später Stavros ins Haus spült. Ihn, den geborenen Kytherianer, hatte die Finanzkrise wieder auf die Insel gebracht, nachdem er in Athen studiert hatte. Die bittere Armut der Großstadt Athen hat noch mehr Menschen nach Kythera geholt. Babis und Maria haben sich auf der Insel eine Existenz abseits von Immobilienkrise, Arbeitslosigkeit, Hunger und Elend in der Hauptstadt aufgebaut. Wir stellen fest, dass es in einer Wirtschaftskrise sinnvoller scheint, aufs Land zu flüchten. Die Solidarität zwischen den wenigen Inselbewohnern ist jedenfalls wesentlich höher als zwischen den um die wenigen Ressourcen wettstreitenden Städter.

Wir treffen in den nächsten Tagen zwei Menschen, die als allerletzte Bewohner Kytheras Schafe züchten und Milch und Käse verkaufen. Die beiden, bereits im Rentenalter, denken nicht daran, mit der Tradition aufzuhören, die Kythera jahrhundertelang ausmachte – und die heute als zu arbeitsaufwendig gilt, um daran festzuhalten. Auf Kythera wohnen nur noch wenige, die nicht vom gerade einmal ein paar Monate pro Jahr dauernden Sommertourismus leben. Sie versuchen es mit Landwirtschaft und mit biologisch erzeugtem Honig und Olivenöl und schaffen es immerhin, ein vom Tourismus unabhängiges Einkommen zu erwirtschaften. Und dann ist es da, Weihnachten 2017. Uli, Lasse, Andi, Paul, Fannie, Liv und ich. Wir lassen nichts aus. Frank van Weerde hat eine Schnitzeljagd durch das Örtchen Potamos als Special Christmas Walk organisiert. Mittags finden wir uns mit Weihnachtsmann, den typischen Schnaps Tsipouro trinkend und zu traditionellen Tänzen schunkelnd, unter strahlendem Himmel auf dem Marktplatz wieder. So kann das Christkind gerne kommen. Um siebzehn Uhr stehen wir vor der Felsenkirche Agia Spyliotissa. Selbstverständlich sind wir pünktlich mit den Autos gestartet, um den Beginn der griechisch-orthodoxen Messe nicht zu verpassen. Doch außer dem schwarz bemäntelten Bischof, mit ebenso schwarzem Käppi auf schlohweißem langem Haar und langem weißem Bart, und seinen ebenfalls schwarz gewandeten Adlaten ist niemand da. Seltsam, die Messe sollte doch um halb sechs beginnen, und wenn wir an unsere Kinder- und Christmetten dachten, wäre da jetzt kaum noch ein freier Platz zu finden. Doch die Kytherianer sind entspannt. So nach und nach tröpfeln die ersten Besucher der Weihnachtsmette ein, küssen den Ring des Bischofs und nehmen Platz. Die Grotte ist durch Kerzen erleuchtet, der Bischof steht ein wenig erhöht im Eingang, starr auf einen Bischofsstab gebeugt. Seine Helfer verschwinden in einem durch einen weißen Vorhang abgetrennten Raum. Ab und an erscheint jemand, gemeinsam intonieren sie für uns fremd klingende Gesänge aus einem ledergebundenen Buch, schwer und groß. Unsere Kinder sind andächtig. In der Grotte, mittlerweile gut gefüllt, herrscht ein munteres Treiben. Menschen gehen ein und aus, auch um neunzehn Uhr kommen noch Besucher, keiner scheint ein schlechtes Gewissen zu haben, weil er zu spät ist. Wir notieren: Unsere sprichwörtliche deutsche Pünktlichkeit werden wir bei der nächsten griechisch-orthodoxen Messe vergessen, schlussendlich dauerte sie nämlich mehrere Stunden. Später, es ist schon dunkel, spielen Kinder ein Krippenspiel. Mit echtem Ochs und Esel und auch mit Schafen, die friedlich vor sich hin futtern. Und dann singen alle »Stille Nacht, heilige Nacht«. Wir singen auch. Endlich ist Weihnachten!

In unserem Appartement, mit echtem Weihnachtsbaum (auch daran führte kein Weg vorbei), aber mit wenigen ausgesuchten Geschenken, essen und trinken wir wie zu Hause auch. Wir singen unsere Weihnachtslieder und gehen erst ins Bett, als niemand mehr ein Auge offen halten kann. Ich bin mir sicher, egal wo wir an Weihnachten wären, unsere gemeinsame Tradition würden wir fortleben lassen.

Am zweiten Weihnachtstag muss es dann noch ein Abenteuer sein. Wir schnappen uns unseren Bus, nehmen das erneut sehr rudimentäre Kartenmaterial zur Hand und suchen uns eine Bucht aus, in der wir picknicken wollen. Also rollen ein glänzender mit »Four Wheel Drive« ausgerüsteter T6 und ein etwas in die Jahre gekommener T3 über die Straße, biegen ein ums andere Mal ab, um auf einer unbefestigten Serpentinenstraße immer weiter bergab zu fahren. Irgendwann in einer steilen Kurve wissen wir T3-Fahrer, für uns ist es genug. Wir beschließen, den Bus zu parken und zu Fuß weiterzugehen. Uli kommt mit seinem T6 und Allrad noch ein paar Kehren weiter, aber dann ist auch für ihn Schluss. Ich behaupte mal, unser Grüner hat gut mitgehalten im Vergleich zum aufgerüsteten Neuwagen. Am Strand sehen wir dann den Möwen zu, grillen uns ein Weihnachtsmahl, trinken wieder einmal einen Tsipouro mit dem Fischer, der tatsächlich hier unten seine Hütte hat. Und als wir wirklich wieder zu Hause ankommen (denn raufzufahren war bei Weitem anspruchsvoller als hinunter), beschließen wir erneut, zukünftig nur mit gutem Kartenmaterial auf Abenteuerfahrt zu gehen. (Das hatten wir doch schon einmal!)

Nach Silvester an einer einsamen, aber gut zugänglichen Bucht, mit Lampions und Cocktails, schmeißen wir uns ins Meer. Das kann doch nur gut werden, dieses Jahr 2018, wenn es mit einem Bad in der Bucht von Limnionas beginnt, menschenleer und mit glasklarem Wasser. Wir begrüßen das Jahr und freuen uns auf alles, was kommen mag.

Gemeinsam mit unseren Freunden feiern wir noch das griechische Neujahrsfest »Agios Vasilios« und am 6. Januar »Theophania«, bei dem das Erscheinen Gottes zelebriert wird. In ganz Griechenland springen an diesem Tag junge Männer ins von einem Priester geweihte Wasser. In einem Land, das einst von Seefahrern und Fischern geprägt wurde und in dem heute schlauchbooteweise Flüchtlinge ankommen, sicher keine schlechte Idee.

Doch so schön, wie das Jahr angefangen hat, geht es nicht weiter. Ein paar Tage nachdem wir Uli und Lasse zum Fährhafen gebracht und verabschiedet haben, kommt ein Anruf. »Andreas, Papa liegt mit einem Schlaganfall im Krankenhaus.« Wir packen zusammen, setzen nach Piräus über und fahren heim. Die Großeltern haben Vorrang.

LIMBACH, DIE ZWEITE

Fünfundzwanzigstes Kapitel, in dem wir das Wohnmobil sanieren und wieder auf Tour gehen

Limbach, Mitte Januar bis März 2018

Von Mitte Januar bis Anfang März 2018 stranden wir dann wieder im Westerwald. Diese sechs Wochen lohnen sich nur im Schnellrückblick. Opa erholt sich nach einem Schlaganfall im Krankenhaus. Wir holen den technisch sanierten und mit einem überholten Rumpfmotor ausgestatteten »Herrn Niesmann« ab und bringen ihn nach Limbach. Innen immer noch ein vergilbter Traum in verwittert braun, angestaubt creme und dreckig grau. Retro mag man schön finden, Herr Niesmann ist es nicht. Beim genaueren Hinsehen zeigt sich, dass die Campingtauglichkeit des alten Herren stark eingeschränkt ist. Der Kühlschrank bleibt warm, die Heizung kalt, die Wasserleitungen lecken, Leuchten, Abzugshaube, alles marode.

Aber zumindest eines funktioniert: unsere Phantasie. Wir träumen uns hoch in den Norden, in den arktischen Winter, Lappland, wir werden dich im Niesmann erobern!

211

Also tun wir, was wir tun müssen: Wir schrauben und saugen, wir sägen, wir bohren und schneiden, wir kleben und streichen, wir hämmern und schleifen, wir schwitzen und weinen, wir inspizieren, probieren, dekorieren, verzieren, tapezieren, montieren, lackieren, reparieren, konstruieren, organisieren, telefonieren, transpirieren, wir lachen und brüllen und wüten und harren, wir funktionieren, reagieren, wir verzagen und beklagen, wir bauen, wir bürsten und schrubben, saugen und waschen und putzen und wienern, wir reißen heraus und bauen ein, ordern und polstern, schneiden und nähen, kaufen und besorgen, wir schuften und ackern, tackern und rackern, wir drehen, wir wenden, wir kleistern und meistern, wir streiten und raufen, wir suchen und flicken, wir schuften und fluchen, wir träumen und sehnen, wir frieren und schwitzen, wir messen und spaßen, wir sortieren und packen – an, aus und ganz zum Schluss auch endlich ein. Und während all dieser Zeit träumen wir uns in die kurzen Tage und nicht enden wollende Nächte, in die kristallene Kälte und den knarzenden Schnee des Nordens. Tag für Tag. Stund um Stund. Das Ziel fest vor Augen: Schwedisch Lappland, wir kommen!

Am Ende der sechs Wochen ist Herr Niesmann zum Sir geadelt. Einer, der sich sehen lassen kann, der besticht durch seinen Charme. Ja, wir haben Ambiente geschaffen und seine Würde wiederhergestellt. In der Duschkabine Tapeten mit Kamelienmuster, die Küchenwände mit rauem Holz verkleidet, die Kochstelle in edlem Anthrazitgrau, Teppich im Wohnraum und Laminat im Küchenbereich, alle Betten mit neuen Matratzen, die Sitzkissen frisch umnäht, der Tisch aus Douglasienholz, die Kinderbetten mit selbst genähten Vorhängen und nächtlich illuminiert durch LEDs, eine DIN A2 große

Europakarte auf Holz gezogen als indirekt beleuchtete Deckenleuchte. Und, Form follows function, das größte Geschenk dieser sechs Wochen Durchackerns ist: Es funktioniert einfach alles. Fließendes Wasser, Strom aus den Steckdosen, in beiden Varianten, zwölf und zweihundertdreißig Volt, Gastank, Heizung, Extraheizung für den tiefen Winter im Norden, der Kühlschrank kühlt, die Sitze bequem, die Betten traumgleich, ja, sogar der Fernseher überträgt Bilder, ruckelfrei und bewegt. Wir sind mächtig stolz auf uns. Die ganze Familie hat mit angepackt, und nicht nur die: Uli ist extra aus Köln angereist, um mit Paul die Elektrik neu zu verlegen, Nachbarn wie Hildegard haben beim Nähen geholfen, Hubi und Moni bewirteten die Kinder, wenn es ihnen in diesem frostigen Winter in Limbach zu kalt wurde. Wir starten mal wieder eines unserer Abschiedsfeste.

Und dann geht's endlich los. Alles ist vorbereitet und es steht fest eingemeißelt: Am 7. März ist der Tag unserer Abfahrt. Wir kommen exakt bis zum Leverkusener Kreuz.

WENDEZEIT

Sechsundzwanzigstes Kapitel, in dem es zwei Möglichkeiten gibt: aufgeben oder neu denken

Januar 2019, Köln

Im Rückblick sucht man ja oft nach den entscheidenden Momenten. Merkwürdig, während man sie erlebt, diese Augenblicke, in denen sich etwas grundlegend verändert, wirken sie fast klein und unscheinbar. Das, was uns bleibt, in Erinnerung und im Herzen, was uns verändert, dringt oft erst im Nachhinein zu uns durch. Bei diesem Augenblick jedoch war es nicht ganz so. Wir erkannten ihn zwar nicht als wegweisend, aber er prallte mit zerstörerischer Wucht gegen uns.

Ich hatte das Handy in der Hand, postete gerade unsere Glückseligkeit an Walli, mein Südtiroler Pendant, derzeit mit Bus und voller Besetzung unterwegs in Süditalien. Das sollte sie doch erfahren, dass nun auch wir im Luxusliner auf der Straße waren. Ich wusste, Walli würde unsere Freude teilen. Sekunden später war Schluss mit Posten. Der Innenraum des Sir Niesmann undurchdringlich vor Rauch. Dichte Schwaden umhüllten uns, der Gestank von verbranntem Öl stach beißend in die Nase. Paul, Fannie und Liv, die kaum einen Meter entfernt von mir um den Tisch herumsaßen, waren aus meinem Blickfeld verschwunden. Andi, im Fahrerhaus, lenkte den Wagen innerhalb von Sekunden auf den Standstreifen der Autobahn. Dann ging alles rasend schnell: Paul und Fannie öffneten ihre Sicherheitsgurte, halfen Liv, den ihren zu lösen, Paul schnappte sich Charlie und nahm sie an die Leine und wir alle stürmten weg von dem qualmenden und röhrenden Fahrzeug, in Socken und Pullover gekleidet. Dieses war der vorläufig letzte Streich im unrühmlichen Drama um »Herrn Niesmann und Auf-nach-Neuland auf Tour«.

Ein Kombi blinkte, hielt vor uns an, packte die Kinder und mich ein, obwohl das Auto vollgepackt war und der Fahrer nach Hause zu seiner Familie wollte. Er brachte uns zu Andis Eltern, die keine zehn Minuten entfernt wohnten. Dort landeten wir, ohne Gepäck, mit weichen Knien, voller Frust, aufgestaut mit Wut und Tränen. Wie konnte das sein, dass dieses verdammte Mistmobil unseren Traum boykottierte? Monat um Monat in der Werkstatt, wochenlang von uns liebevoll saniert, um bei der Jungfernfahrt in Rauch aufzugehen? Wer war da am Werk? Sollte das ein Wink sein? Oder gar ein linker Haken? Was hatte das alles zu bedeuten? Warum gelang es uns einfach nicht, mit diesem Riesenkasten auf die Straße zu kommen? Hatte das irgendetwas mit uns zu tun?

Was als Verzweiflung in die Welt kam, nahm nach einer kurzen Erholungszeit eine erstaunliche Wendung. Einige Tage nachdem wir uns hinreichend in Selbstmitleid und Verzweiflung gesuhlt hatten, legten wir unsere Pläne beiseite. Wir ergaben uns. Uns und unseren durchgetakteten Plan von einem gemeinsamen Jahr im Wohnmobil. In der Küche meiner Mutter, die uns in ihrer sechzig Quadratmeter großen Wohnung in Köln-Ehrenfeld aufgenommen hatte, kamen wir endlich zur Erleuchtung. Wir mussten umkehren, das Steuer loslassen. Nicht klammern an einen Plan, der nicht aufging. Wir mussten neu denken, in so viel Dingen. Das wurde uns immer klarer. Erst einmal waren die Träume dran. Wir trennten uns von unserem Traum vom tief verschneiten Lappland. Ohne winterfestes Wohnmobil war dieses Ziel in unerreichbare Ferne gerückt. Wenn wir dieses Jahr Auszeit nicht jetzt abbrechen wollten, sondern einen dauerhaften Wert aus ihm ziehen wollten, brauchte es eine irgendwie geartete Idee. Wie wollten wir unser Jahr weiterhin gestalten? War es wirklich das Fahrzeug, das wir brauchten, die Großzügigkeit, ohne die wir uns eine weitere Auszeit nicht vorstellen konnten? Ging es uns nicht von Anfang an, seit dem ersten Gedanken an ein freies Jahr, um etwas ganz anderes? Erst nachdem wir selbst Oma, ja sogar Charlie, jedes Sofa und jede Ecke der kleinen Wohnung meiner Mutter mit unserer Niedergeschlagenheit anzustecken drohten, kamen neue Wege zu uns. Wir fanden eine Anzeige auf *Workaway*.

UNTER FREIEM HIMMEL

Siebenundzwanzigstes Kapitel, in dem wir im April 2018 in einem Dorf in Kalabrien mit der Idee des freien Lernens infiziert werden

Köln, im Januar 2019, vier Monate nach unserer Reise

Liebe Aimi,

du Kleine! Trägst du immer noch deine Tüllkleidchen und auf deinem langen dunklen Haar die silberne Prinzessinnenkrone? Du ungekrönte Prinzessin von Badolato. Läufst du noch barfuß über die Kopfsteinpflaster eurer kleinen Stadt? Durch die verwinkelten Gassen, entlang der Palazzi und Wohnhäuser, durch die abblätternden Farben und durch die knisternde Besonderheit dieses magischen Ortes? Lässt du dich immer noch vom starken Wind umwehen, der aus den nahen Bergen kommt? »Wieso fahrt ihr wieder?«, waren deine letzten Worte an uns, während ihr mit der blauen Ape, eurem Minitransporter – der immerhin durch die breiten Gassen eurer kleinen Stadt passte –, an der Stadtmauer standet und uns verabschiedet habt. »Wie könnt ihr nur wieder fahren, dies ist doch der schönste Ort auf der Welt!« Dein

Papa nahm dich an die Hand, deine Mama setzte dich auf ihren Schoß und versuchte dir zu erklären, dass wir weiter müssen, weiter wollen, noch mehr von Europa entdecken. Doch du hattest deine Augen voller Tränen. Schließlich saß mit uns im Auto Liv, deine Freundin, mit der du im Sand gegraben, Suppen aus Gras gekocht, Enten- und Hühnerküken beobachtet hast, mit der du durch die Gassen gefegt bist und euren kleinen verschlafenen Ort aufgemischt hast. Du wolltest Liv einfach nicht gehen lassen.

Sag Aimi, stolperst du noch über die Ruinenreste in den Seitengassen, über Schutt und Dachziegeln in den zahllosen Winkeln? Verirrst du dich eigentlich manchmal in dem Gewirr der Gassen? Ich glaube kaum. Du kennst den Ort seit deiner Geburt. Und sag, rennst du noch so im Regen über den steilen Betonweg runter zu eurem Haus, ohne auszurutschen? Wie machst du das bloß? Mich hat er so einige Male ins Straucheln gebracht.

Und erzähl, ich bin so neugierig, füttert Pepe dich weiterhin fleißig mit all den Wundergaben aus seinem üppigen Garten? Der gute Pepe. Wir waren kaum da, da hat er uns schon mitgenommen in sein Paradies aus fruchtbarer Erde, Sonne und Regen. Paprika und Tomaten, Salate, Zucchinis, Auberginen, Okras, Pepperoni, uns gingen die Augen über vor diesem Reichtum. Duftende Orangen- und Zitronenbäume, an denen reichlich Früchte hingen. Mandelbäume von Blüten durchzogen und Ölbäume, gleich nebenan. Pepe gab uns bei unserem Besuch Gemüse bündelweise mit. »Nehmt nur«, sagte er, »wir haben genug.« Sag Aimi, sind die weißen Olivenbäume angewachsen, die Pepe für dich und Paul und Fannie und Liv gepflanzt hat? Ich würde mir so wünschen, dass sie reiche Früchte tragen und euch auch ein bisschen an uns erinnern. Und uns daran erinnern, dass wir euch mal wieder besuchen kommen. Wie reich der Boden in diesem fernen Teil Europas ist! Wie verschwenderisch die Natur dir alles direkt vor die Füße legt. Aimi, pflückst du nach wie vor am Wegesrand an all den Beerensträuchern, die du findest? Wie oft habe ich schon für mich darüber gelacht, wie du gedankenversunken an irgendeinen Strauch gegangen bist und dir ein Blatt davon hast schmecken lassen. Ob du sie kanntest oder nicht, völlig gleich. Wird schon schmecken. Wird schon gut gehen. In diesem Vertrauen wirst du groß, in dieser Sicherheit wächst du auf.

Und damit grüße ich auch euch, lieber Robert, liebe Sonia, wie geht es euch allen drei, so weit weg in eurem magischen Dorf in den Bergen Kalabriens. Wie verwunschen das Örtchen auf seinem Hügel thront. Wie abweisend die hohen Mauern, wie freundlich hingegen seine Bewohner.

Ganz selbstverständlich spaziertet ihr durch diesen Märchenort. Robert mit seinem rasierten Kopf und der radikalen Einstellung zum Leben und Lernen, der goldumrandeten Brille und seinem Glauben daran, dass man alles schaffen kann. Mit seinen selbst gestrickten Wollpullis, den Leinenhosen, den Espandrillos, dem oft selbstvergessenen Lächeln und dieser alles überstrahlenden Liebe zu Aimi und dir, liebe Sonia.

Wie habt ihr euch auf diesem Hügel am Rande der unbekannten Schluchten und leeren Berge Kalabriens euer Leben eingerichtet? Fern ab des Glimmer-Metropolen-Daseins, das ihr so lange in Berlin gelebt hattet. Dort rauschende Tage und Nächte, an deren Ende niemand denken mochte, Sex und Drugs und Elektro; und jetzt diese Abgeschiedenheit, diese Ferne, dieses In-sich-hinein-Hören.

Stimmt das überhaupt, dass Badolato stirbt? Oder tut sich da wieder etwas? Allein ihr haucht ihm so viel Leben ein mit eurem Projekt des freien Lernens und Lebens, ohne Zwang, ohne Vorgaben, nur mit der intrinsischen Motivation aufgetankt. Leben und Lernen, das ist für dich identisch, Robert. Man könne gar nicht leben, ohne zu lernen, sagst du. Und ja, so ist es. Lernen, sich weiterentwickeln, das liegt in uns Menschen. Das ist uns von der ersten Sekunde unseres Daseins auf Erden mitgegeben. Und ja, ohne diese Fähigkeit, das für uns Notwendige zu erlernen, könnten wir gar nicht existieren. Das Baby, das mit dem ersten Schrei die Luft einsaugt, die seine Lungen füllt. Das nuckelt, um Muttermilch zu trinken, lächelt, um die Zuwendung der Eltern zu erhalten. Das alles ist uns von jeher mitgegeben. Das mussten wir gar nicht lernen. Das Krabbeln und Laufen, das Staunen und Entdecken, das Spiel und die Freude – das alles ist bei uns, von Anfang an. Was brauchen wir mehr, um aus uns selbst heraus zu lernen und glücklich zu werden?

Aber du belässt es nicht bei der natürlichen Entwicklung im Säuglingsalter, du gehst weiter: »Wenn wir dies alles wissen, warum vertrauen wir dann nicht einfach unseren Kindern? Warum stecken wir sie in Schulen, die Wissen in sie hineinstopfen, eine Einheitskost, für alle gleich, aus hundert Jahren Schulgeschichte zusammengebraut; ohne darauf Rücksicht zu nehmen, was das Kind will, wo seine Talente liegen?« Mathe, Deutsch, Englisch für alle gleichermaßen, Politik, Chemie, Physik, ob's interessiert oder nicht, völlig egal, Kunst, Sport nur am Rande und auch nur, wenn sich Zeit findet und Lehrkräfte da sind.

Wenn ich Zweifel hatte, ob man das Konzept eines freien Lernens auf ältere Kinder und Heranwachsende übertragen könne, wenn ich wissen wollte, wie man denn ohne Schule ins Leben entlassen werden könne, lächeltest du erst, bevor du antwortetest:»Was weißt du denn noch aus deiner Schulbildung? Und arbeitest du in dem Beruf, den du an der Uni studiert hast?«Ja, ich erinnere mich an vieles, was schon damals mein Interesse geweckt hat und was mich heute noch interessiert, alles andere ist tief in meinem Gedächtnis vergraben. Wahrscheinlichkeitsrechnung, Sinusfunktionen, Periodensystem und *De bello Gallico*, alles futsch. Und nein, ich arbeite nicht als Geographin, aber ich liebe das Reisen. Ich habe meine zweite Leidenschaft zum Beruf gemacht, das Schreiben.

Aber ist es nicht verantwortungslos, ein Kind nicht zur Schule zu schicken? Die Verantwortung läge beim Kind und deren Eltern, sie dürfen das Kind beim Erwachsenwerden und Lernen begleiten, aber nicht in eine Richtung drücken. Das Kind gäbe schon vor, wo seine Interessen lägen. Man müsse nur Möglichkeiten bieten und Raum für Entwicklung. Freies Lernen, das bedeute nicht, abgeschieden und isoliert von anderen wenig mitzubekommen. Ganz im Gegenteil, in einer Gemeinschaft, mit Menschen unterschiedlicher Interessen und Fertigkeiten, in Vereinen und mit Nachbarn, Freunden und Bekannten und in engem Kontakt zur Natur finde sich der Weg, der das Kind erblühen lasse.»Aber wie kommt man ohne Abitur weiter?«, insistierte ich,»wie will man Erfolg haben ohne Zertifikate?« Wieder dieses Lächeln. Wenn das Kind Abitur machen will, dann wird es Abitur machen, online oder in einer Schule oder wo auch immer. Das ist seine Entscheidung. Und wenn es studieren will, wird es das tun, auch ohne Abi.»Und was ist, wenn das Kind Programmierer werden will, Senior Consultant bei einem Projektentwickler, oder Karriere machen will bei der UN? Wie willst du dem Kind die Weichen dafür stellen?« Wieder dieses Lächeln. »Das Kind wird schon dafür sorgen, dass seine Träume in Erfüllung gehen.« Du warst so felsenfest überzeugt von der tief in uns wohnenden Kraft. »Eine Blume wächst nicht schneller, wenn man an ihr zieht.« Ich weiß nicht, ob der Gedanke von dir stammt, aber du hast ihn mir gesagt, und er ist bei mir geblieben. Alles hat seine Zeit. Und jeder Mensch sucht sich seinen Weg.

Kein anderer hat uns derart infiziert mit seinen Gedanken zum selbstbestimmten Lernen und Leben. Andi und ich waren natürlich reif dafür. Die Gedanken konnten in uns blühen, weil wir durch die Monate auf Reisen gesehen und erlebt hatten, wie unsere Kinder wuchsen. Wie sie sich interessierten, hellwach nachfragten, uns oder andere Menschen, sich informierten, wenn sie etwas wissen wollten, egal ob es ums Fischen oder Häkeln ging. Englisch lernten sie durchs Zuhören und Mitreden, alles andere übers Tun, Fragen, Mitmachen. In den Kindern war diese Fähigkeit noch stärker als in uns selbst ausgeprägt – auf sich zu hören, zu spüren, was sie wollen und können. Es ist schon alles in ihnen, wir vermitteln ihnen nichts, lassen sie bloß teilhaben.

Heute, das weißt du, gehen Paul und Fannie und Liv wieder zur Schule. Paul und Fannie in ihren Jahrgangsstufen in einer Gesamtschule. Und das Interessante ist, sie kommen gut mit – obwohl wir ein Jahr fast nichts für die Schule gelernt haben. Darüber freue ich mich. Ein Jahr geschlabbert und wieder voll mit dabei. Vielleicht weil bei uns, Andi und mir, Leistungen eben nicht mehr im Vordergrund stehen. Paul und Fannie organisieren sich jetzt selbst, wissen, wann sie lernen müssen und wann nicht. Sie fragen uns oder ihre Lehrer um Hilfe, wenn sie Rat brauchen. Sie schöpfen aus dem Fundus um sich herum. Weißt du, ich habe mich am Anfang fast geschämt, die Kinder wieder in eine Schule zu schicken. Nachdem wir am Ende unseres Jahres Auszeit angekommen waren, haben wir uns nach freien Wohn- und Lernprojekten in Frankreich umgeschaut, haben überlegt, die Kinder einfach von der Schule abzumelden. Jetzt bin ich froh, dass sie wieder einen Rhythmus haben. Schule ist teils starr, schematisch, in Teilen sogar stur, ja, aber Robert, sie hat sich doch sehr gewandelt. Es werden Noten vergeben, ja, aber die Lehrer und Lehrerinnen versuchen ihr Bestes, die Kinder so frei zu lassen, wie es ihnen innerhalb dieser Grenzen möglich ist. Sie geben Raum für selbstständiges Arbeiten, für Teamarbeit, lassen Wahlmöglichkeiten, frei nach den Talenten der Schüler, und versuchen, sie als Menschen wahrzunehmen. Der eine mehr, der andere weniger. Fächer wie Sport, Musik und Kunst kommen zwar zu kurz, aber dafür sind unsere Kinder in Vereinen aktiv und toben sich nach der Schule aus. Weißt du was, Robert, ich glaube, die entscheidende Wende in Sachen Schule geschah in unseren Köpfen (auch durch dich): Seit die Schule für uns nicht mehr so wichtig ist, dafür das Glück unserer Kinder umso mehr, läuft die Schule nebenher, und das wie geschmiert.

Aber noch einmal zu deinen Ideen von einer Freilerner-Gemeinschaft. Du hattest sie in ein Projekt gegossen und in *Workaway* eingestellt. So haben wir uns kennengelernt. Wir, auf der Suche nach einem Sinnstiftenden Ziel, nachdem wir in der Wohnung meiner Mutter gestrandet waren. Du, auf der Suche nach Gleichgesinnten, die dieses vor sich hin dämmernde Örtchen im fernen Kalabrien beleben. Du suchtest Leute, die ähnlich sind wie ihr. Die ihre Kinder auch in einer Gruppe Gleichgesinnter begleiten wollen. In einer Umgebung, die nach und nach verwaist. Häuser gäbe es in Hülle und Fülle zu mieten, zu kaufen und zu restaurieren. Über 6000 Menschen haben einmal in Badolato Borgo gelebt, jetzt sind es nur noch 150, inklusive ein paar Geflüchteter, die das Dorf aufgenommen hat. Touristen kommen und gehen, in den Sommermonaten, dann gilt das Dorf als pittoresk und man schaut und staunt über diese verwitternde Ansammlung aus Stein, die bizarre Schönheit, die dem Verwelken innewohnt. Man lässt es sich in den Restaurants und Tavernen schmecken, lässt sich umgarnen von den melancholischen Gitarrenklängen Mimmos und der Freundlichkeit von Pina. Wie oft haben wir auf der Dorfterrasse mit Blick bis zum schimmernden Meer »Napul È« gehört, vom Großmeister der Melancholie, Pino Daniele. Aber außerhalb des Tourismus ein Ausbluten. Dafür Immobilien, für ein Taschengeld zu haben, viel Land und die Aussicht auf Selbstbestimmung. Klar, dass du förmlich überrannt wurdest von Anfragen aus aller Welt. Du musstest die Anzeige sogar rausnehmen aus dem Portal, um nicht völlig durchzudrehen. Das Bedürfnis nach Ausbrechen ist groß in dieser Zeit. »Kommt schnell, helft mir«, ich höre noch deine verzagte Stimme im Telefon. Wir waren startklar und zwei Tage später standen wir uns gegenüber.

Nachdem wir ein paar Tage auf dem Dorfplatz gehaust und zur stillen Attraktion der Bewohner aufgestiegen waren, sagtest du uns, dass Samuele (schon wieder ein Schweizer) für drei Wochen in seine Heimat fährt und uns sein Haus überlassen würde. Und so residierten wir dann in einem der Häuser (danke, Samuele) mit Blick auf den Ozean. Morgens saßen wir in Decken gehüllt in den Lehnstühlen und ließen uns von der Frühlingssonne auftauen. Oft haben wir zusammen gegessen und geredet und du und Sonia, ihr habt uns Badolato erklärt. Wie das Dorf funktioniert, wer das Sagen hat, welche Feste ihr feiert, und natürlich auch, warum nur noch so wenige Menschen im Dorf leben. Da ist zum einen die uns nun schon bekannte Arbeitsmigration, zum anderen ein extremes Unwetter mit Erdrutschen im Jahr 1953. Nach diesem Unwetter fingen die Bewohner an, direkt am Meer ihr zweites Badolato aufzubauen, Badolato Marina, heute ein typischer Badeort an der Tyrrhenischen Küste. Der Aderlass nahm seinen Lauf, als die Gastarbeiterära begann. Heute leben wahrscheinlich mehr Badolatoer in der Schweiz als in Borgo, oder was meinst du, Robert? Ihr zeigtet uns die Palazzi, die vor sich hin wittern, und die Kirchen, die nur an Festtagen gefüllt sind.

Aber was für ein Ostern wir mit euch erleben durften! Ein Festzug, rot gewandete römische Legionäre, gelb umhüllte Schergen, die Jesus antreiben, das schwere Kreuz durch die Gassen zu tragen, ganz in weiß vermummte Gestalten, Geißeln peitschten durch die Luft. Ganz schön farbenfroh, teils bizarr, dieser Kreuzweg. Und dann die After-Show-Party, als die Legionäre volltönend Osterlieder skandierten und ungleich später laut johlend und angetrunken durch die Gassen wankten. Und als euer Nachbar seine Heimkellerei öffnete und wir dort den hauseigenen Landwein testeten. Ostern, wahrlich ein Fest!

Einige der Menschen in Badolato sind mir noch immer so nah vor Augen, als wären wir gestern bei euch gewesen. Ich erinnere mich an Jolanda, eine alte Dame, klein, fein, in Schwarz gekleidet, wie es bei den alten Leuten im Dorf so üblich ist. Sie schleppte nasses Olivenholz, das ihr irgendjemand auf den Weg gekarrt hatte, mit der Schubkarre in ihr kaltes Haus. (Mit seinen Terrazzoböden und den zugezogenen Fensterläden wird dieses Haus wahrscheinlich auch in der Hitze des Sommers kühlen.) Wir alle haben mit angepackt, das nasse Holz in Kisten gestapelt und Jolanda geholfen, es ins Trockene zu bringen, für den Winter. Dann kam plötzlich ihre Tochter dazu, mit Latschen an den Füßen und Wut im Gesicht. Wie es denn sein könne, dass ihre Mutter immer noch in diesem Kaff ausharre, an ihm hängen würde, sie sei zu alt, niemand könne auf sie aufpassen, auch sie selber nicht – ihre Sorgen keifte sie im breitesten Schwäbisch heraus. Die Mutter solle gefälligst mit nach Deutschland kommen oder zumindest nach unten ziehen, nach Badolato Marina, wo es doch so viel komfortabler sei und die Versorgung für sie gesichert sei. Dort gäbe es Ärzte und Supermärkte und Handygeschäfte und all die Neuerungen unserer rasenden Zeit.

Jolanda schien diesen für sie neumodischen Komfort nicht zu vermissen. Sie scherte sich nicht darum, was ihre Tochter ihr in ihrer Ohnmacht entgegenschleuderte. Mit ihren vielleicht achtzig Jahren wird sie den Ort noch ganz anders erlebt haben. Sie wird getanzt haben auf der Piazza, mit hoch gestecktem Haar, mit ihrem Mann durch die belebten Gassen der Stadt geschlendert sein, Liebe, Sehnsucht, ihre Kinder typisch italienisch fein zurechtgemacht. Sie wird auf dem Markt mit den Frauen getratscht haben, am Sonntag in die Messe gegangen sein. Also: Wozu noch woandershin? Ich bin mir sicher, diese alte Dame wird in Badolato Borgo sterben.

Jolanda hat uns berührt. Aber auch eure australische Nachbarin Cate mit ihrem sympathischen Katzenfimmel.

Jeder zahllosen Streuner bekam sein eigenes Futterteller-chen. Oder eben Samuele, der Tag für Tag zur Bar del Fosso schlenderte, um die Zeitung zu studieren und einen Espresso zu trinken. Nicht zuletzt Mimmo und Pina, die das Restaurant am Platz führten, die nur italienisch sprachen (aber in Verständigungstaktiken waren wir ja mittlerweile Profis) und bei denen die Kinder in der Küche aushelfen durften. Als Mimmo zur Gitarre griff und diese melancholischen kalabrischen Weisen ange-stimmt hat – da wusste ich, warum ihr euch dieses zu-rückgezogene Fleckchen Erde als euren Lebensort aus-gesucht habt.

Badolato bot in all seinem morbiden Untergangs-charme reichlich Raum für Menschen, die abseits des Mainstreams ihr Glück suchten.

Robert, sag zum Schluss, wie läuft euer Projekt? Habt ihr Menschen gefunden, die mit euch an einem Strang ziehen? Seid uns nicht gram, dass wir wieder gefahren sind. Wir waren nicht reif zum Bleiben. Wir wollten weiter-ziehen, Europa erkunden, reisen. Wenn ich so an euch alle denke, weiß ich manchmal nicht so genau, wieso. Liebe Aimi, viele Grüße von Liv, liebe alle, wir werden uns wiedersehen. Danke für eure Inspiration.

Liebe Grüße von der stets weitersuchenden

Mo

VERTRAUEN UND LOSLASSEN

Achtundzwanzigstes Kapitel, in dem uns Lisa und ihre Kinder Sizilien zeigen. Und ich mich mit meinen Ängsten konfrontiere

21. August 2018

Liebe fünf Rech-Heiders. Ich grüße euch von der Bucht am Monte Cofano, wo wir uns kennengelernt haben! Die Sonne geht langsam hinter dem Berg unter, es ist ein Kajakfahrer unterwegs und trotz Hochsaison ist es ruhig und friedlich. Ich wünsche euch allen, dass ihr die Essenz des Erlebten als täglichen Baustein in euer Leben installieren könnt, wie, das wisst nur ihr, zusammen und jeder für sich, aber lasst es lebendig sein und nicht zum »Besonderen« antiquieren … kam mir in den Sinn als größter Erfolg für euer schönes Projekt. Hier seid ihr gerade ganz präsent. Und habt viel Gutes hinterlassen! Auf bald! Eure Lisa

25. August 2018

Liebe Lisa, wie schön, mir vorzustellen, wie du in der Bucht am Monte Cofano in der untergehenden Sonne liegst. Wie du dein Badetuch um dich wickelst, dich aufsetzt und dem Kajakfahrer auf dem Meer mit deinen Augen hinterherblickst. Von Mai bis Juli und im September und Oktober und wann immer du Zeit hast, fährst du an diese Stelle, an den verschwindend kleinen Sandstrand der von Felsen geprägten Bucht am Monte Cofano. Jetzt, da du gerade ohne deine drei Kinder dort bist, genießt du es sicher noch einmal ein bisschen anders. Und gleichzeitig fehlen sie dir, die drei As. Stimmt's? Du inhalierst die Strahlen, die extravagante Sonnenbrille auf der Stirn – hast du eigentlich eine neue gefunden? Die alte ging doch an irgendeinem der verwunschenen Strände Siziliens verloren. An einem dieser endlosen Tage, die wir miteinander verbringen durften.

Du, im königinnenroten Kleid, mit hochhackigen Schuhen, das feine Haar zu einem edlen Knoten auf dem vor Stolz Richtung Himmel erhobenen Haupt drapiert. Wie dir die Männer nachschauten, wenn du durch Scopello am Brunnen vorbei durch all die Touristen hindurchschwebtest, die Eis schlürfend, Cappuccino nippend und billige Schals, Kleider und Sonnenhüte studierend. Du bemerktest die Blicke nicht. Oder sie interessierten dich nicht.

Du erinnerst dich noch an den Tag, als wir uns kennengelernt haben, oder? Ich kam auf dich zu, und du lagst in deiner Lieblingsbucht zwischen all den Felsen, deine Mädchen spielten mit Freunden im Sand. Liv hing an meinem Bein, schüchtern (»Mama, du weißt doch, ich bin ein Angsthase«) und schaute fasziniert auf dieses

Mädchen mit hochgestecktem Haar und dunklen dichten Locken, auf das andere, braun gebrannt und mit nacktem Oberkörper. Ich glaube, sie hatte nur ein feines Lederbändchen um den Hals und schaute uns kurz an, bevor sie weiterbaute, an einer Burg, einem Schloss, einem Schiff aus Muscheln und Tang, ich erinnere mich nicht mehr. Die Sonne blendete uns, du nahmst dein Handtuch auf und wir begannen, miteinander zu reden. Du sprachst Deutsch, das war die erste Überraschung. Aber du warst ja voller Überraschungen, wie wir in den nächsten Wochen erleben durften. Unsere Jungs angelten derweil schon mit den Söhnen unserer Freunde im Schlauchboot, weit draußen im Meer. Sie ruderten irgendwo am Horizont, ich konnte sie gerade noch erkennen. Und ich bekam Angst, dass sich der Haken der Angel im Schlauchboot verheddern und das Boot kentern könnte und die Jungs dann nicht mehr ans Ufer schwimmen könnten. Du sagtest einfach, nein, das würde nicht passieren, mach dir keine Sorgen. Anselm fährt oft so weit raus. Vertrau' einfach, alles geht gut. Diese Sache mit dem Vertrauen schien mich zu verfolgen.

Du und Anselm und Apolonia und Ada, ihr wart eine wilde, ungezähmte, unzähmbare Truppe, wie ihr da, jeder für sich und doch alle miteinander verbunden, im Sand und auf dem Meer eure Zeit miteinander verbrachtet. Wir redeten und ich sah deine Augen und deinen zerbeulten Jeep, am Rand der Bucht geparkt, und ich wusste sofort, dass dies nicht unsere letzte Begegnung bleiben durfte.»Kommt doch gleich einmal rüber zu uns. Dort drüben stehen wir. Dort, siehst du den riesengroßen bunten Bus, in dem wohnen unsere Freunde aus Meran, und direkt daneben, erkennst du diesen eher nichtssagenden Punkt, der aussieht wie ein Fliegenschiss neben dem bunten freundlichen Riesen? Da wohnen wir.« Wir lächelten uns noch ein wenig unbeholfen zu, wie man es tut, wenn man sich halbnackt gegenübersteht, sich aber gerade erst zweieinhalb Minuten kennt und will, dass der andere die ganzen subtilen Details nicht auf den ersten Blick sieht. Du warst ungefähr so alt wie ich, vielleicht ein bisschen jünger, so weit hatte ich die Details schon durchschaut.

In der Dämmerung fuhrst du dann mit deinem silbernen Offroader vor. Preschtest über die scharfen Steine, stobst den roten Sand auf, und ihr stiegt aus. Du sogar am Strand mit diesem künstlerischen Schick, einer Eleganz, die ich nicht nachahmen könnte, selbst wenn ich dieselben Tücher über mich werfen würde, dieselbe Brille ins Haar steckte. Anselm, Apolonia und Ada im Schlepptau, diesmal mit Apolonia an deinem Bein, während Liv den roten Sand der Bucht von Macari zwischen ihren Händen hindurchgleiten ließ, vor Schmutz starrend, die Füße rostrot, das kleine Gesicht voller Spuren von Erde und Süßigkeiten. Ein kurzes Umherschleichen der Kinder, eine mittlerweile vertraute Begrüßungszeremonie, wie das Händeschütteln der Erwachsenen, eine kurze Vorstellung unserer Freunde Walli und Martin und deren Kinder. Wir löcherten dich. Wo kommst du her? Wo lebst du? Warum bist du mit deinen Kindern hier? Wir fragten, warum du gerade hier deine Zelte aufgeschlagen hast, an diesem westlichsten Zipfel von Sizilien? Und du erzähltest. Dass du schon seit drei Jahren hier lebst, weitestgehend allein mit den dreien. Von Zeit zu Zeit käme dich Martin besuchen, der aufgrund seiner Arbeit an Deutschland gebunden sei. Du erzähltest, dass du in Castellammare del Golfo wohnst, einer kleinen Stadt, die einmal ein Fischerdorf gewesen ist.

Du wusstest so viel über die Insel. Zeigtest mit deinem Finger zur Tonnara, direkt unter dem Monte Cofano, und erklärtest uns, wo immer wir diese imposanten Bauten aus Kalkstein direkt am Meer sehen würden, seien sie für die Verarbeitung und den Verkauf von Thunfisch errichtet worden. Der Turm, das erklärte uns später eine Hinweistafel, sei eigens gebaut, um die Golddukaten zu lagern, die die Stadtherren über Jahrhunderte mit Thunfisch verdienten. Man stelle sich vor, ein Turm voller Gold! In den *Mattanze*, diesen furiosen Thunfischjagden mit einem ausgeklügelten System aus Netzen, die sich bis hin zur sogenannten Todeskammer immer weiter verengen, zogen die Fischer die Thunfische mit Enterhaken in ihre Boote. Jahr für Jahr eine brutale blutrote Zeremonie, ein Abschlachten der im Frühjahr in die Buchten ziehenden Fischschwärme. Das war lange Jahre das wirtschaftliche Rückgrat der Insel. Und hat den Turm gut gefüllt.

Heute fangen moderne Fischfangflotten die letzten verbliebenen Thunfische schon auf dem offenen Meer, bevor sie die Buchten erreichen. Das ist derart effizient, dass kaum ein Thunfisch sich der Küste nähert. Paul und ich haben im Hafen von San Vito lo Capo einmal einen der immer seltener werdenden Momente miterlebt, wenn ein Fischerboot mit einem echten Thunfisch an Land geht. Wir waren nicht die Einzigen, die zu diesem Ereignis zusammenkamen. Ein Koloss lag da vor uns, die Augen weit geöffnet, 150 Kilo schwer, wie uns der mit Stolz erfüllte Fischer mitteilte. Er sah nicht aus, als wenn ein Mann allein es mit ihm aufnehmen könnte. Wir berührten seine Haut. Ehrfürchtig, vorsichtig. Sie war fest und glatt, auf der Unterseite lief das Blut in Bahnen auf den Boden herunter. Nun konnte ich mir vorstellen, warum die *Mattanza* einen derartigen Kult unter männlichen Sizilianern hervorgerufen hatte – mit dem Enterhaken gegen solch imposante Kreaturen zu kämpfen, die bis zu 700 Kilogramm schwer werden können, hat etwas Existenzielles, Urgewaltiges. Nicht umsonst werden Fischer noch heute als Heroen gefeiert, während sie oft am Existenzminimum leben. Der Kampf war mehr als ebenbürtig und sein Ausgang nicht von vornherein festgelegt. Für moderne Fischfangflotten ist der Thunfisch heute wohl nur ein Fisch unter vielen anderen.

Während die Sonne an unserem ersten gemeinsamen Abend einfach im Meer verschwand – wir ließen sie gütig ziehen –, während nur das Feuer die Dunkelheit mit flackerndem Leben erfüllte, lauschten wir deinen Geschichten von einem Leben auf Sizilien. Wie Anselm den Fischern zusieht, frühmorgens und spät, wie sie ihre Netze fertig machen und in See stechen und auf den großen Fang hoffen, der selten kommt. Wie die drei Italienisch nur vom Zuhören gelernt haben, wie sie ihre Tage auf Sizilien verbringen mit Lesen, Tanzen und Leben. Wie du versucht hast, die Kinder aus der Nachbarschaft für Spiele, Malen und Basteln zu interessieren und wie die Jugendlichen dir im Gegenzug immer wieder die Terrasse beschmierten. Sizilien bekam so viele Facetten, mit jeder Geschichte, die du uns erzähltest, schien die Insel in andere Farben getunkt.

Du liebst Sizilien, doch an den Menschen und wie sie miteinander umgehen, verzweifelst du so manches Mal. Du kamst mit diesem Machismo nicht klar, diesem Männlichkeitskult, der auf Sizilien so heftig zelebriert wird. Wie oft hatten wir mit unseren Freunden darüber gelacht, wenn wir Teenager mit ihren Vespas an den Promenaden flirten sahen: die Jungs breitbeinig, zurückgegeltes Haar und Handys in der Hand, die jungen Frauen, sich ihrer Weiblichkeit bewusst, aufgedonnert. Da taten sich Kulturunterschiede auf.

Seltsam, dass genau ihr uns an diesem Tag begegnet seid! Wieder Freilerner, wieder Deutsche, wieder Menschen, die auf Selbstbestimmung pochen, auf mehr Freiheit in der Bildung ihrer Kinder, die suchen, sich aufmachen und finden. Lisa, wie geht es euch jetzt, da ihr genau an die Bucht gezogen seid, wo wir uns kennengelernt haben? Die Bucht von Macari, wo wir zwei Wochen mit unseren Campern fast allein stehen durften, bevor der jährlich im Frühjahr einsetzende große Run der Wohnmobile losbrach. Wie kommst du allein mit den Kindern klar? Notierst du dir, wie ihr eure Zeit verbringt, was die Kinder interessiert, sie bewegt? Worauf freuen sie sich am Morgen am meisten, wenn sie aufstehen? Auf das Meer und die Felsen, das Fischen, ihre Freunde, die sie sicher gewonnen haben? Sag Lisa, wie kommst du auf Sizilien ohne deine Musikerkollegen aus? Deine Geige, steht sie nur im Schrank oder spielst du ab und an für dich und deine Kinder? Ich musste ja eigens zu einem deiner Konzerte reisen, um dich spielen zu hören. Vorspielen am Strand, einfach so die Geige auf die Schulter klemmen und mir ein Beispiel deiner Kunst abliefern, das kam für dich nicht infrage. Die Geige, deine Musik, sie hat für dich eine besondere Bedeutung, ist nicht auf Knopfdruck zu haben. Deine Musik, die Kinder und das Meer, diesen drei gehört deine Liebe und deine ganze Aufmerksamkeit. Sag, wie kommt der Vater der Kinder damit klar?

Nachdem wir euch an diesem Strand getroffen haben, sind wir noch Wochen gemeinsam auf Sizilien geblieben. In Scopello, diesem Vierkantweiler mit ein bisschen Drumherum. An einem Tag, ich erinnere mich genau, hatten wir den Campingplatz für uns allein. Die Wohnmobile kamen und gingen. Wir blieben. Liv malte und sang dabei vergnügt: »Ich liebe Kunst«, Fannie lernte Englisch mit *Duolingo*, einem Projekt, das sie sich selbst ausgesucht hatte, und Paul hatte alle Fahrräder blitzeblank geputzt und geölt. Andi bastelte am Abwassertank rum. Gerade da bekam ich eine Anfrage für ein Buchprojekt. Ich war total neugierig, freute mich übermenschlich, wollte dieses Gefühl aber noch nicht zulassen. »Ob ich das wirklich kann, ein Buch schreiben?« Ich war unsicher, schließlich schrieb ich zwar Tag für Tag, aber PR-Texte, möglichst kurz und knackig, und immer für andere. Aber ein Buch über uns? Und jetzt, liebe Lisa, du siehst, es ist etwas daraus geworden. Mit der Entscheidung, eine Reise zu tun, hat sich vieles bei uns verändert. Sie hat mich geführt, und letztlich habe ich Seite für Seite damit begonnen, an mich zu glauben. Das ist ein Geschenk, das ich nicht mehr loslassen werde.

Gemeinsam mit Martin, Walli und deren Kindern und gemeinsam mit dir, Lisa, behaupte ich einmal, haben wir die allerschönsten Flecken Siziliens gefunden. Etwas Entspannteres als diese Nordwestecke rund um San Vito lo Capo, Macari und Scopello haben wir bei unserer Reise quer über die Insel jedenfalls nicht mehr entdeckt.

Meine allerschönste Erinnerung an diese Region Siziliens gilt der versteckten Bucht bei Scopello, die du uns gezeigt hast. Felsen rund um uns herum, eine handtuchbreite Sandfläche, die wir uns zu dieser Jahreszeit kaum teilen mussten. Tagelang sah ich den Kindern dabei zu, wie sie sich selbst genug waren. Paul sprang so oft vom Felsen in die Tiefe, er kletterte immer höher, und mutig sprang er wieder hinunter. Ich filmte ihn dabei, wie auch Fannie, wie sie mit Paul gemeinsam durch Schwärme kleiner Fische schnorchelte, über Muschelbänke hinweg und an Felsen vorbei. Liv schien nur noch sich selbst zu gehören. Wenn sie ins Wasser wollte, stieg sie in ihren Neo, wenn sie sich wieder aufwärmen musste, legte sie sich neben Charlie in die Sonne. Mich hattest du mit deiner Wasserleidenschaft angesteckt, liebe Lisa, und auch Paul, der nie genug bekommen konnte vom ewigen Spiel mit den Wellen und dem Meer, hatte mich dem Wasser nähergebracht. Nachdem ich in der Bucht vor Scopello das erste Mal selber schnorcheln war und die Schönheit unter Wasser gesehen hatte, war auch ich bereit, tiefer zu gehen.

Wir hatten diesen Plan vom Tauchen. Du, so erinnere ich mich, wolltest die Tiefe spüren, der Gnade der Geräuschlosigkeit erliegen, die du dort unten erwartetest. Mich lockte die Vorstellung, gemeinsam mit Paul ein Abenteuer zu erleben und meine Grenzen auszuloten, denn ich habe Angst vor der Tiefe. Ob beim Schwimmen entlang der Küstenlinie, in einem See, ganz gleich, im Wasser, das tiefer ist als zwei Meter zwanzig und an dessen Grund keine blanken Kacheln blinken, kann ich mir dabei zusehen, wie ein Frösteln sich in mir ausbreitet und mich wieder ans Ufer zieht. Ich habe Angst vor dem, was sich meiner Vorstellung entzieht, vor dem Unbekannten dort unten. Davor, keine Luft zu bekommen, unterzugehen, zu versinken.

Und dann landeten wir bei Roberto und Virginia. Als ich die beiden das erste Mal sah, wusste ich, dass ich ihnen vertrauen konnte. Sollte ich mich jemals dazu durchringen, den Erdboden und die Luft darauf gegen eine Pressluftmischung einzutauschen, dann mit diesen beiden. Roberto, dunkles Haar und rauer Bart, eine Stimme tief wie ein Bass, erinnerte mich direkt an Jean Reno in dem Kinofilm *Rausch der Tiefe*, und tatsächlich, auch Roberto war dem Apnoetauchen erlegen. Daneben Virginia, mit kleingelocktem Haar, zierlich fast, voller Kraft, wie sie die schweren Tauchausrüstungen hievte. Die kleine Tauchschule lag im Hafen, Boote weiß und rot und grün im Wasser, Fischer an der Mole, die ihre Netze flickten. Virginia erklärte mir, wie ein Tauchkurs ablaufen würde, wenn wir uns dazu entschließen sollten: Theorie, Tauchgänge, Abschlusstest. Ich dachte nur: vier Tage lang unter der Wasseroberfläche. Ob ich mich meiner Angst stellen würde? Ein paar Tage später merke ich, dass meine Gedanken ihrer Wege gingen. Immer wieder abtauchten. Sich heranpirschten an dieses große Unbekannte, das mir schon ein Leben lang Angst bereitete. Weißt du noch Lisa, dann haben wir uns angemeldet.

Die Nächte vor unserem ersten Kurstag waren für mich angefüllt mit Wasser und Tiefe, mit Untergehen und Versinken. Erst am Morgen, als wir mit unseren Rädern zum Hafen aufbrachen, ging es besser. Paul und ich lächelten in die Kamera, das Abenteuer konnte beginnen. Nach der Theorie der erste Tauchgang im Hafen. Ich fühlte die bleischwere Ausrüstung, wankte in den Wellen und ließ Virginias Hand nicht eine Sekunde los. Ich drückte ihre Hand derart zu wie damals bei der Anästhesistin, die sich bei Livs Geburt unvorsichtigerweise bereit erklärt hatte, meine Hand zu halten. Jetzt weiß ich wieder, was Angst mit mir macht. Paul saß schon am Strand, als ich zurückkam, ihm war es genauso ergangen wie mir und er hatte seinem Tauchlehrer gesagt, dass er genug hat und an Land will. Ich war froh darüber, denn nun wusste ich, dass Paul auf sich hören würde.

Als wir abends zum Rest der Familie radelten, hatte ich das Gefühl, zu den Überlebenden eines Schiffbruchs zu gehören. Blöd nur, dass die Tauchgänge am nächsten Tag erst richtig losgehen sollten. Während du wahrscheinlich genau diesem Abtauchen entgegenfiebertest, kamen nachts meine Dämonen. Der Bus war bis zum Rand mit Salzwasser gefüllt. Wir atmeten blaue Schlieren aus offenen Mündern. Morgens versuchte ich ein Lächeln, aber Paul setzte sich auf meinen Schoß. »Ich bin zu jung zum Tauchen«, sagte er, Tränen ersticken seine Stimme. Zu Hause wäre das der Punkt gewesen, an dem ich gesagt hätte: »Dann versuchst du es eben später noch einmal. In ein paar Jahren vielleicht. Wenn du erwachsen bist.« Gedacht hätte ich: »Hoffentlich nie. Denn ich habe Angst um dich.« Doch ich sagte ihm: »Lass es uns versuchen, Paul. Wir radeln erst einmal zur Tauchschule. Wir müssen nichts. Und wir tun nichts, was wir nicht wollen.« Und so starteten wir in die kommenden Tage. Paul tauchte mit Roberto oder seinem Sohn Guglielmo, und ich sah irgendwann nur noch Luftblasen von ihm, nachdem er mit breitem Grinsen Gas aus seinem Jacket abließ und in der Tiefe verschwand. Ich selbst trug meinen ganz eigenen Kampf aus. Angst um Paul, Angst um mich. Dass ich Angst vor der Tiefe hatte, zeigte sich in jeder Bewegung, die ich unter Wasser tat. Während du über den Grund einer unterseeischen Klippe schwebtest, taumelte ich. Mein Körper schien mir nicht gehorchen zu wollen, er blieb weder in der Horizontalen noch in der Tiefe. Ich war ständig damit beschäftigt, die Tauchtiefe nachzujustieren, Luft in- oder aus dem Jacket zu pressen.

Es gab zwei Momente in diesen Tauchgängen, die mich noch heute bewegen. Du und Virginia, ihr glittet an einer Klippe entlang, links die Lebewesen, die ins Meer gehören, dann ich, vor mir eure Flossen, unter mir dieses tiefe dunkle Nichts. Mir verengt sich noch immer mein Brustkasten, wenn ich daran denke. Ich konnte euch nicht erreichen, so schnell ich euch auch zu folgen versuchte. Ihr nahmt keine Notiz von mir, hattet keine Ahnung, dass ich hinter euch mit jedem immer heftiger ausgestoßenen Atemzug weiter in Panik verfiel. Ich winkte. Ich bebte. Meine Augen schienen aus meinem Gesicht zu quellen. Ich weiß nicht, wie tief wir waren, aber ich weiß, dass ich schrie. Unter Wasser. Endlich, gefühlt endlos später, sah Virginia zurück. Erkannte die Panik in meinen Augen. Sie nahm mich an die Hand und führte mich. Beruhigte meine Atmung. Ich glaube, ich habe unter Wasser geweint. Und da warst du, nichts als staunend über die Stille um dich herum zogst du nach diesem Vorfall hinter uns beiden her. Du in deinem Element, ich an Virginias Hand in meiner Angst. Als Virginia sich zu dir umdrehte, warst du verschwunden. Nichts war mehr von dir zu sehen. Keine Luftblasen, nirgendwo auch nur ein Schatten von dir. Virginia ließ mich nicht los, zog mich sanft neben sich her, um dich zu suchen. Ein paar Minuten später tauchtest du ganz in unserer Nähe wieder auf. Du warst nach oben getrieben worden und hattest dich genau an dieser Stelle wieder in die Tiefe begeben.

Diesen Tag werde ich nicht vergessen. Und dann dieses Erlebnis, für das ich Roberto ewig danken werde. Wir waren zu fünft unterwegs, er führte Paul an seiner Hand. Da ließ er dessen Hand los und deutete mir, sie zu übernehmen. Und so schwebten Paul und ich, unsere Tauchmasken im Gesicht, mit leichtem Herzen in dieser Materie, die dem einen so fremd und dem anderen so nah war. Das erste Mal in meinem Leben übernahm mein zwölfjähriger Sohn die Führung. Und ich genoss es, mich ihr zu ergeben. Bei der Verabschiedung rief Roberto Paul mit dieser Stimme zu sich, tief wie die See, rauchig, eine Mischung aus Meer und Seele: »Paul, komm, lass dich umarmen. Mein Buddy.« Seine Augen glänzten. Die beiden umarmten sich. Paul schaute zu Roberto auf. Ich stand dabei, voller Rührung. Mein Experiment »Vertrauen und Loslassen« war geglückt. Ich war tauchen. Gemeinsam mit Paul, meinem Sohn, und gemeinsam mit dir, Lisa, hatten wir eine neue Welt entdeckt.

Scopello und San Vito lo Capo und dieser Traum eines aus der Zeit gefallenen Frühjahrs gingen zu Ende. Wir wollten bleiben. Wir wollten weiter.

Liebe Lisa, darf man eigentlich einfach nur glücklich sein, wie wir es waren?

Ich wünsche dir und den drei As alles Gute, arrivederci

Mo

REGENTAGE

Neunundzwanzigstes Kapitel, in dem wir nach acht Monaten Unterwegssein Zwischenbilanz ziehen. Und merken, dass jede Menge Fragen offen sind

13. Juni 2018, Meran

Durch die Monate auf Reisen sehen wir uns selbst wie durch ein Vergrößerungsglas. Alles, was sonst in der Routine des Alltags verhüllt gut versteckt in den hintersten Regalen im Schrank hängt, kommt durch die Nähe, die wir zu uns aufbauen, ans Tageslicht. Das ist mal mehr, so manches Mal aber eher weniger unterhaltsam. An Tagen, an denen der Regen ein Stakkato auf dem Busdach vollführt, die Scheiben langsam beschlagen, es innen klamm und außen nass ist, kommt dieser Lupeneffekt unschön nah an alles ran, was klemmt. Fragen werden immer mächtiger, Zweifel lauter: Wir stehen im Bus im Garten unserer Meraner Freunde, genießen das Südtiroler Sommerleben. Aber sind wir auf dem richtigen Weg? Ist es gut für die Kinder, was wir tun? Brauchen die Kinder nicht einen beschützenden Raum, in dem sie sich entwickeln können? Brauchen sie nicht Vereine, Musikunterricht, Freunde, Regelmäßigkeit statt einer gemeinsamen Abenteuerreise? Wie wollen wir leben? Wollen wir nach unserem Jahr weiterreisen oder bleiben? Wenn ja, wo? Köln, Südtirol, Mittelschweden. Es gibt so viele Orte auf der Welt, die uns vielleicht mehr zu bieten haben als unsere Heimatstadt.

Hier in Meran ist es Liv, die mal wieder unser Gefühl ausspricht:»Mama, hier können wir nicht mehr weg. Das ist das Land unserer Träume.« Wie wahr. Aber können wir uns unsere Heimat wirklich aussuchen? Können wir unser Köln, das an vielen Ecken schmutztriefend und versifft ist, in der aber meine Mutter und Freunde wohnen, wirklich gegen eine neue Heimat eintauschen, die zwar äußerlich für uns attraktiver ist, in der es aber weitestgehend an vertrauten Kontakten fehlt? Könnten wir in Südtirol Fuß fassen? Wir würden fremd sein, uns einfinden müssen. Wir würden klettern und biken und wandern und Kanu fahren, aber würden wir dabei zufriedener sein? Oder würden uns die Berge fad, wenn wir sie Tag für Tag um uns herum hätten? Kommen all diese Zweifel nicht doch nur aus der Angst heraus, das vertraute Umfeld auf Dauer einzutauschen? Ist diese Angst, aus der wir mit so viel Kraftaufwand auszubrechen versuchten, vielleicht doch noch in uns? Und wenn es Furcht ist, die unsere Gedanken leitet, dürfen wir uns dann wirklich weiter von ihr leiten und unser Leben von ihr bestimmen lassen?

Während ich im Bus sitze, in Decken gehüllt, versinken die Farben der Vortage im Regen. Was haben wir uns eigentlich gedacht? Wie konnten wir so anmaßend sein, davon auszugehen, wir könnten uns und unser Leben ändern, in dem wir ein Jahr im Bus hausen.

Der Rest der Familie schläft noch. Die Kinder träumen vielleicht von all den Ferienerlebnissen, die sie mit ihren Freunden Julian, Marian und Tamara hatten. Von den Spielen Monopoly oder Cashflow (wie verdient man viel Geld, wie vermehrt man es), vom Baden und Wandern, vom Glück eines ungetrübten Sommers. Liv erinnert sich bestimmt an ihre Purzelbäume, die sie in den letzten Wochen gelernt hat.

Während ich mir das Hirn zermartere, wie frei eine Schule sein muss, auf die die Kinder zukünftig gehen könnten, ob wir nach dem Ende unserer Auszeit weiterfahren oder irgendwo bleiben wollen, wacht Liv auf. Verschlafen blinzelt sie aus ihren Decken hervor. Jeder meiner Gedanken verzieht sich, als ich dieses kleine Gesicht erwachen sehe. Ich kann nicht anders, ich lächle sie an. Liv sagt:»Mama, weißt du, seit wir auf Reisen sind, lächelt ihr viel mehr als zu Hause.« Diese Art Zwischenbilanz ist mir deutlich lieber.

NICHTS WIE WEG!

Dreißigstes Kapitel, in dem wir kurz in Köln einfahren und schnellstens wieder ausbrechen

19. Juni 2018, Köln

»Der Dom!«, ruft Paul noch auf der Autobahn. »Der Fernsehturm!«, brüllt Fannie ihre Freude heraus. »Ich seh nur den TÜV«, murmelt Andi. Spätfolgen des Wohnmobildesasters, mutmaße ich.

Es stehen Entscheidungen an. Unsere Wohngemeinschaft will wissen, ob sie das Haus noch ein weiteres Jahr mieten kann. Uns tut diese Entscheidungsfindung körperlich weh. Wir wissen einfach nicht, was richtig ist. Reisen mit den Kindern fühlt sich gut an. Aber kann man dieses Gefühl konservieren, endlos ausdehnen? Nutzt sich das Glücksgefühl nicht irgendwann ab? Wir treffen uns mit unseren Mietern, erleben sie sehr entspannt, sie werden schon noch eine Wohnung finden, meinen sie, wir sollen ruhig weiterfahren und in aller Ruhe entscheiden. In sechs Wochen stehen sie auf der Straße, wenn sie nichts finden. Uns macht das nervös, Jana und Ali nicht. Abends sitzen wir dann als Special Guests in unserem zum Konzertsaal umfunktionierten Wohnzimmer, zwischen vielen bunten, jungen Leuten, die einer Band lauschen. Das Leben in Köln scheint durchaus lebenswert. Ob wir es schaffen würden, diese Lebensfreude in unserem Haus festzuhalten?

Die Großeltern informieren wir darüber, dass wir im Hinterkopf haben, unsere Reise zu verlängern. Andis Mutter überrascht uns mit der Aussage: »Das habe ich mir gedacht. Wenn ich jung wäre, ich würde das glaube ich auch tun.«

Unser Zwischenstopp in Köln ist zwei Terminen geschuldet. Erstens: Das Treffen mit unseren Mietern Jana und Ali, um unsere weiteren Pläne zu besprechen. Zweitens: Na was wohl? Das Wohnmobil soll angeblich repariert worden sein. Wir rufen an, fragen nach, hören, dass es noch dauern wird. Kosten: wieder einige Tausend Euro. Unsere Entscheidung steht fest: Wir fahren weiter.

Als wir vor unserem geparkten Bus stehen, nähert sich ein alter Mann mit einem mindestens ebenso alten Hund. »Entschuldigung, ist das ein Lkw?« Andi: »Nein, das ist ein Pkw.« – »Aha, aber der sieht aus wie ein Lkw.« – »Ja, aber das ist ein Pkw.« – »Ja, der hat ja auch eine Windschutzscheibe, könnte wirklich ein Pkw sein. Aber müssen Sie mit dem Lkw immer vor diesem Haus parken?« – »Das ist ein Pkw. Und zudem kommen wir gerade nach Monaten der Reise zurück. Wir können also nicht *immer* vor diesem Haus stehen.« – »Jaja.« – »Und zudem wollten wir gerade wieder losfahren.« – »Ja, das können Sie ja selbst entscheiden, wann Sie wieder fahren.«

Nichts wie weg hier!

ENDLICH, DER NORDEN RUFT!

Einunddreißigstes Kapitel, in dem wir uns unseren Traum erfüllen und mit uns selbst ins Reine kommen

Mitte Juni bis Anfang August 2018, Skandinavien, Baltikum

Nur noch sechs Wochen! Wie sehr sich Zeitdimensionen verschieben. Das Gefühl der leichten Panik, das wir in regulären Urlauben frühestens in der letzten Woche der Sommerferien empfunden haben, überkommt uns schon jetzt. Nur noch sechs Wochen. Unsere Reise nähert sich dem Ende, falls wir nicht verlängern. Wir beschließen, noch langsamer zu reisen, um die Zeit zu dehnen. Möglichst wenig um uns herum, und wir würden die Zeit einfach austricksen, das Letzte aus ihr herausholen!

Etappe für Etappe schrauben wir uns nach Norden, übernachten mal neben einem Friedhof – schön ruhig –, mal in den Dünen, bauen stundenlang die SAT-Schüssel am Strand von Rømø auf, um das WM-Spiel der deutschen Nationalmannschaft gegen Südkorea zu verfolgen, und bauen sie flugs wieder ab, nachdem sie verloren hat. Nicht so schlimm, endlich wieder Vanlife statt Fanlife.

Jedem Morgen wohnt eine Magie inne! Wir wundern uns, dass man auf fünf Quadratmetern offensichtlich genauso glücklich oder unglücklich sein kann wie auf vierundzwanzig oder zweihundertachtzig. Wir spüren nichts als reines Wohlbehagen, vollständiges Glück! Mein letzter Eintrag auf der Website *Aufnachneuland* stammt vom 6. Juli 2018. Er lautet:»Das Beste kommt zum Schluss.« Und dabei sollte es bleiben. Am 30. Juni 2018 haben wir mit der Fähre aus dem dänischen Hirtshals in Kristiansand erstmals skandinavischen Boden unter unseren Füßen. Freude, Staunen, Demut. Dass ich mich nicht den Boden küssend auf die Knie begebe, verhindern nur die beschämten Blicke der Kinder und deren eindringliches Lamento. Die Schären, wie sie altehrwürdig und von der Last des Eises geschliffen aus dem Meer herausragen, und die in Rost, Senf und Weiß gestrichenen Holzhäuser Südschwedens betören uns. Wir verbringen unsere Tage in einem kleinen Bootshafen, Paul und Fannie und Liv fangen Krebse, Seesterne und Fische, um sie sofort wieder in die Freiheit zu entlassen. Liv hüpft mit einem Apfelkleidchen über den Steg, sie scheint zu schweben durch diese langen Tage aus Sonne und Glück. Paul prüft unermüdlich seine Reuse im Wasser. Der Duft von Kiefern um uns herum. Boote, die im Wasser dahingleiten. Der mit Flechten bedeckte Gneis, Zeugnis der Zeit, erschüttert mich. Wir rudern mit unserem Gummiboot auf eine Schäre, legen umständlich an, picknicken. Wie sehr die Umgebung uns prägt. Es ist, als ob alle Gedanken dem Wohlgefühl weichen.

Von Arendal aus fahren wir mit einer Fähre wie aus *Ferien auf Saltkrokan* zur Insel Merdø, besuchen ein Museum und sehen darin das vor der Zeit gerettete Haus eines reichen Kaufmanns, der sein Geld mit Sklavenhandel verdient hat. Drum herum ein Ort, der nur so surrt vor Blüten und Unbeschwertheit.

Dieses Land ist so freundlich zu uns. Es stellt uns Tische und Bänke auf, es lässt uns einfach dort schlafen, wo es uns gefällt. Wir vertreiben uns die Zeit mit »Schären-Hopping«, hüpfen barfuß über die Gneise und Granite. Parcour Natur. Ganz ohne Selbstoptimierung, ganz ohne Apps. Nur mit uns.

Wir staunen über die Preise in den Supermärkten, achten darauf, dass wir nicht aus Versehen ein Bund Möhren oder drei Scheiben Käse für jeweils fünf Euro in unseren Einkaufswagen packen. Wir amüsieren uns darüber, dass sonntags kein Bier über die Theke geht. Die Kinder beleben die Fahrten mit ihrem neusten Hobby: Teslas zählen. Das erste Mal auf der Reise verspüren wir eine Art Scham, wenn wir so vollgepackt aus unserem staubigen Bus steigen. Klopfen erst mal den Schmutz ab, einer nach dem anderen. Die Blicke der Einheimischen sind bei uns. In so vielen Ländern Europas ritten wir als Könige ein, fühlten wir uns reich, obwohl wir mit einem angerosteten Fahrzeug einfuhren. Hier ist das definitiv anders.

An jenem 6. Juli jedenfalls sitzen wir den ich weiß nicht wievielten Tag am Flüsschen Nidelva. Das Tape bietet uns Schatten, Fannie und Liv liefern uns Tanzchoreographien im nächtlichen Abendrot, so rot, dass wir aufgeben, es auf Fotopapier packen zu wollen. Es dürfte fast Mitternacht sein. Paul organisiert das Holzkanu, aus dem heraus wir gleich noch Biber beobachten wollen. Wir werden ihnen leise nachstellen und ihre Behändigkeit bestaunen, bevor sie uns entdecken, mit ihren Schwänzen aufs Wasser schlagen und wie der Blitz im Ufergras verschwinden. Den Tagen am Fluss wohnt die Ewigkeit inne.

Und dann wache ich eines Morgens auf und habe so einiges klar. Alles fällt von mir ab, was vorher wie ein Korsett an mir klebte. Das Gefühl der Irrfahrt, der Suche nach dem Glück, die Frage, wo und wie man leben will – das alles erscheint plötzlich so klar. Vielleicht war es das Gespräch gestern mit jemandem, der so völlig desillusioniert von Norwegen sprach. Ich denke, so urteilt jemand, weil er selbst er selbst geblieben ist, ein Fremder. Als ob ich es bisher noch nicht verstanden hätte: Man bleibt immer bei sich. Man ist selbst verantwortlich für das, was man tut, und für das, was man denkt. Irgendetwas ist gewachsen, über Nacht oder doch über Monate, über ein Jahr, und will jetzt raus. Unser Zuhause würde nicht die spektakuläre Kulisse im Passeiertal werden, nicht das kleine Dorf in Kalabrien, keine Unschooler-WG auf Sizilien und nein, auch keine Farm in Mittelschweden. Zumindest jetzt nicht. Wir waren als Besucher gekommen, die mit offenen Augen und einem fragenden Geist alles in sich aufgenommen und gelernt haben. Aber wir konnten nicht bleiben. Wir gehörten woanders hin.

Wir hatten uns mit Händen und Füßen gegen eine Rückkehr nach Köln gewehrt. Weil wir Angst davor hatten, dass unser Leben wieder genauso verlaufen würde wie vor der Reise.

Die Erkenntnis traf uns wie ein Blitz: Wir würden zurückkehren in unser Haus. So vieles, das am Anfang der Reise noch wichtig und präsent war, hatte in deren Verlauf seine Bedeutung verloren. War zusammengeschrumpft, hatte sich pulverisiert, aufgelöst. Wir hatten eine Reise mit Rückfahrtschein gebucht, auch wenn wir das die ganze Zeit nicht hatten sehen wollen. Jetzt, plötzlich, als hätte sich in mir durchweg etwas gerieben, als hätten wir nicht nur Kilometer um Kilometer zurückgelegt, sondern permanent Synapsen verschachtelt, weiß ich, dass es zwar eine Rückkehr nach Köln, aber keine Rückkehr in unser altes Leben geben wird. Nicht in dieses Leben am Limit.

Wir werden mehr von dem tun, wozu wir vorher keine Zeit hatten. Wir haben noch ein bisschen Geld, wir werden etwas finden – es wird schon gehen. Die rasende Suche nach dem Glück ist vorbei. Das Korsett, in dem wir feststeckten, war nicht die Stadt, es waren wir selber.

Mir wird klar, dass die entscheidenden, einschneidendsten Schritte unserer Reise nach unserer Rückkehr gemacht werden würden. Dort würde sich unser Leben radikaler verändern müssen, als das auf einer möglichen Weiterreise passieren würde. Ohne unsere Auszeit jedoch hätten wir diese Wende niemals hinbekommen. Wir würden Abschied nehmen von Altem, von Gelerntem, ja, auch von der von Generation zu Generation weitergegebenen Angst. Endlich wirklich loslassen und schauen, was auf uns zukommt. Was in uns drin ist. Wir würden unsere Kinder nicht mehr unter Druck setzen. Wir würden ihnen vertrauen, sie werden schon ihren Weg gehen und uns an ihrer Seite haben, wenn sie uns brauchten. Wir würden ihnen die Wahl lassen, sich selbst zu entwickeln. Kein Schul- oder Unschooling-Konzept kann funktionieren, wenn wir Eltern nicht lernen, unsere Kinder freizulassen. Keine Veränderung würde gelingen, wenn wir es nicht schaffen würden, uns selbst mehr zu vertrauen. Wir müssen lernen, nicht zu viel von uns zu verlangen. Und vor allem nicht so viel gleichzeitig. »Scheißmultitasking«, denke ich, wie konnte ich über Jahrzehnte diesem Irrglauben erliegen, dass man viele Dinge gleichzeitig und dazu noch gut machen kann.

An diesem Morgen an der Nidelva löschte ich feierlich Instagram, Facebook und Twitter von meinem Handy, WhatsApp und das E-Mail-Programm sollten ein paar Tage später folgen. Es war ein Frohlocken, ein Jubelschrei, in mir und aus mir heraus, ein Cut, der mir endlich die Freiheit gab, mich voll und ganz den Menschen und Themen um mich herum zu widmen. Schritt für Schritt begann ich an diesen unendlichen Sommertagen daran zu glauben, dass alles gut gehen wird. Wege zeigen sich oft erst, wenn man sie gegangen ist. Mann, hatte das lange gedauert!

Die folgenden Wochen glichen einem farbenfroh illustrierten Kinderbuch: Geburtstagstorte mit Himbeeren und Sahne am Fuße des Buarbreen-Gletschers, Nacktbaden im Gebirgssee, zum Bibbern eisig, beobachtet nur von ab und an fröstelnd aufschauenden Wiederkäuern an den Böschungen des Ufers. Wanderungen über die kahlen Hochebenen der Hardangervidda, Huskyschlitten verfolgen im Nationalpark Jotunheimen, Abende an Flüssen, auf Wiesen, an Wegesrändern. Ihnen allen gemeinsam: Sie blieben uns freundlich gewogen bis spät in die Nacht hinein. Schlafen im Zelt, Hunderte von Grüntönen aus Moosen, Gräsern, Sträuchern, endlose Fahrten über staubtrockene Pisten durch schwedische Fichtenwälder, der Geruch von Feuer in der Luft. Wir fuhren durch den Sommer des Jahrhunderts. Waren Teil davon.

In Vala tropft es dann tatsächlich das erste Mal seit Wochen auf unsere Windschutzscheibe. Ich sage: »Prima, dann machen wir heute einen Spieleabend.« Alle freuen sich: »Yeeeeaaahhhhh!« Hinter der nächsten Kurve hört es wieder auf. Unisono: »Ohhhh!« Fannie versunken: »Ich mag Regen.«

Auf einem alten Gehöft in Mittelschweden, wieder bei Menschen, die wir zuvor nicht kannten und die uns freundlich aufgenommen haben, direkt am See, mit dem Duft der gemähten Wiese in der Nase und einem Herzen so weit, leben wir noch einmal in der Natur. Aber jetzt führt kein Weg mehr daran vorbei: Wir machen uns auf unseren langen Rückweg!

Über Finnland, Estland, Lettland und Litauen wollen wir nach Polen, um dort einen kurzen Zwischenstopp einzulegen, ehe wir nach Hause fahren.

Das erste Mal raus aus unserem Naturmodus kommen wir, als wir uns durch Helsinki bewegen. Unvermittelt in die Zivilisation geworfen. Joggende Hipster an den Promenaden, Chai Latte und modische Sonnenbrillen, lässig ins Haar gesteckt. Megafähren wechseln sich mit der rausgeputzten Innenstadt von Tallin ab, gesichtslose Landschaften, morbide Stimmungen, Mücken, Bremsen und Wespen und flimmernder Asphalt. Behaarte Dickbäuche, die über viel zu enge Badehosen hängen, und Neonbikinis arbeiten hartnäckig an der Entzauberung des Planeten. Aber auch junge Hippies, die uns Waldbeeren anbieten und uns einladen, mit ihnen zu feiern. Auf den letzten tausend Kilometern oder so, Entfernungen haben wir nie gemessen, thronen Störche in ihren Nestern und winken uns zu. Egal wo wir hinkommen an diesen Tagen, der Asphalt verflüssigt sich unter unseren Reifen.

Es ist ein beinahe unwirklich lebendiges Gefühl, zu fahren und nicht zu wissen, wohin genau es uns treibt. Das haben wir immer und immer wieder so empfunden auf unserem verschlungenen Weg über den Kontinent. Aus den Augenwinkeln sehe ich einen Mann mit Strohhut, der die Hecke schneidet, eine dicke Frau sitzt mit

Dreiviertelhose vor dem Friseursalon, an einer Halte-stelle, ich weiß nicht wo, wartet eine Frau mit Kopftuch und in geblümter Bluse auf einen Bus. Wo sie wohl hin-will? Und ob jemand auf sie wartet? Ein kleines Fest auf einem Hof, die Paare tanzen versunken im Sonnen-schein auf der Wiese beim Haus, Gäste sitzen am langen gedeckten Tisch. Ein kleiner Hund mit aufgerolltem Schwanz läuft über die Straße, Kinder spielen Ver-stecken, ein Mann sitzt an der Kirche mit seiner roten Gitarre, irgendwo wankt ein anderer heim, winzige Le-bensmittelgeschäfte, Holzhäuser grau von der Witterung und der Zeit, irgendwo das Horn eines Zuges. Ich merke, ich sammle die Momente. Und weiß plötzlich felsenfest: Sie werden bei mir bleiben!

DANKE!

Zweiunddreißigstes Kapitel, in dem wir Abschied von Andis Mutter nehmen und mal wieder ein wenig mehr davon verstehen, was Liebe bedeutet

8. Februar 2019, Friedhof am Kirchweg, Hilgen

In uns ist es noch kälter, als der eisige Wind um uns herum es vermuten ließe. Wir ziehen die Mäntel fester um uns, stellen die Kragen auf. Unsere Augen sind leer geweint. Paul, Fannie und Liv folgen dem Sarg mit gesenkten Köpfen, fest an Andi und mich gelehnt, die Hände ineinandergelegt, ab und an höre ich ein Schluchzen. Als der Sarg in die Grube gelassen wird, die Totengräber achtungsvoll ihren Hut ziehen, verteilen die Kinder Papierengel, die sie selbst gemacht haben. Ein letztes Mal basteln für Oma Maru.

Andis Bruder und sein Vater hatten uns erst in den letzten Wochen mitgeteilt, dass Oma Maru Bescheid gewusst habe, dass der Krebs wiederkommen würde. Dass sie sich alle drei schon vor unserer Reise darüber im Klaren waren. Selbstverständlich wusste keiner der drei den genauen Zeitpunkt, aber alle waren im Bilde, dass Oma diese Krankheit heimholen würde, wenn sie die Chemotherapie abbrach. Niemand hatte uns etwas davon gesagt. Selbst als wir ein paar Monate zuvor davon sprachen, unsere Auszeit zu verlängern, hatte Oma Maru uns noch zugesprochen.

Einer ihrer letzten Sätze, die ich an ihrem Sterbebett verstanden habe, lautete: »Es ist alles so schnell vorbeigegangen.« Und ich wusste genau, was sie meinte. Es geht alles so schnell vorbei. Danke, dass ihr uns nichts gesagt habt. Wir wären wohl nicht auf Reisen gegangen.

TUCHOLSKY LÄSST GRÜSSEN

Dreiunddreißigstes Kapitel, das Herrn Niesmann und Herrn Tucholsky gewidmet ist

Februar 2019, Köln

Lieber Kurt Tucholsky, es war gar nicht so einfach, dich zu dechiffrieren. Dabei klingt alles so einfach, so leicht, »durch die Welt trudeln« und »Steuer loslassen«. Nichts leichter als das, denkt man doch, oder? Das hast du sauber eingefädelt. Du hast doch gewusst, dass du die Messlatte in Sachen Entspanntheit sehr hoch gelegt hast, oder? Wir sind fast gescheitert, aber nur fast!

Dafür hatten wir ja dich an unserer Seite, lieber Herr Niesmann. Du Mimose, du Diva, du störrisches Stück. Ich stelle mir gerade vor, du hättest uns über den Kontinent kutschiert. Wie viele unserer Begegnungen hätten wir nicht erlebt, wenn wir in sieben Meter Wohnmobil unterwegs gewesen wären. Die Sandpisten der ungarischen Puszta, die Serpentinen von Leonidio oder Badolato, die Bergstraßen in Montenegro, die Küstenkurven von Kythera, nichts davon hätten wir mit dir gesehen. Wir hätten uns wahrscheinlich nicht derart auf die Menschen um uns herum eingelassen. Du hast aus unserer Reise eine Begegnungsreise gemacht, die uns immer und immer wieder direkt in anderer Leute Wohnzimmer geführt hat. Und ohne dich wären wir uns selbst nicht so nahe auf die Pelle gerückt, dass wir irgendwann angefangen haben, uns nicht nur zu lieben, wie Eltern ihre Kinder lieben und Kinder ihre Eltern lieben, sondern einander zuzuhören, uns kennenzulernen und aufeinander zu achten. Ich glaube, auch die Kinder haben viel durch dich gelernt: Dass man nämlich nicht aufgeben darf, auch wenn die Umstände (ja, du bist gemeint) so manches Mal widrig sind. Du warst unser Menetekel, unsere Achillesferse, du hast uns ganz schön durch den Wolf gedreht.

Und doch bin ich dir dankbar, denn durch dich mussten wir wirklich loslassen lernen und hatten dann endlich auch eine wunderbar losgelöste Zeit.

Wir hatten einen Plan und mussten ihn ziehen lassen, wollten raus und sind doch mehr denn je bei uns gelandet. Wir wollten Europa erfahren und haben es in den entlegensten Winkeln besucht. Dass wir dieses Europa zu unserer Heimat gemacht haben, ist auch dein Verdienst.

Eines aber rate ich dir: Mach das Ganze nicht noch mal. Die Familie, die jetzt mit dir auf Reisen gehen wird, ist vielleicht nicht ganz so milde gestimmt wie wir! Und dann? Dann schmeißen wir dich alle zusammen auf den Schrott. Nimm dich ab jetzt gefälligst zusammen. Und fahre einfach!

ANGEKOMMEN!

Vierunddreißigstes Kapitel, in dem wir zu Hause ankommen und feststellen, dass die Reise aus uns keine anderen Menschen gemacht, wohl aber so einiges in uns zum Schwingen gebracht hat

Köln, der 10. August 2018

Kann man sich verändern? Ich meine, wirklich umkrempeln? Nicht nur hier ein paar Strähnchen ins Haar und da eine neue Glitzerklamotte. Ich meine weder den neuen Smart in Orange, kurz mal der Liebsten, Happy Birthday, vor die Tür gestellt, noch die neuste Spielekonsole, die das kurze Glücksgefühl der Jüngsten voll krass triggert. Ich meine eher: Kann man sich verändern? Das, was einen immer gestört hat an sich selbst, kann man das verwandeln? Sein Tempo drosseln, Prioritäten verschieben, vielleicht sogar langsamer, intensiver leben? Hat irgendjemand Hausmittelchen parat gegen die Beschleunigung des Lebens, die uns mit ihrer Zentrifugalkraft an den Rand presst und uns ausquetscht? Können wir versuchen, die Kinder mit ihren eigenen Augen zu sehen und ihnen keine Erziehungs- und Bildungskonzepte überzustülpen, weil wir die so gelernt haben und weil »das eben so ist«? Ist es möglich, über Jahrzehnte verkittete Gedankenstrukturen umzukehren, oder zumindest doch aufzumöbeln durch Neues, Unverbrauchtes, Erlebtes, Lebendiges? Gibt es eine andere Art zu leben, als wir sie in unserer Stadt, in unserem Haus, unserer Straße, unserem Mikrokosmos mit seiner sekundenschnellen Taktung bisher erfahren haben? »Hast du kurz Zeit?« – »Leider nein, geht's auch morgen?« Wer Zeit hat, wird beargwöhnt und beneidet gleichermaßen, denn er muss entweder extrem wenig Geld oder eine Erbschaft gemacht haben. Sind wir nun die Gestalter unseres Lebens, unserer Umgebung, unseres Umfelds, unserer Welt? Oder geben wir spätestens dann auf, uns Gedanken darüber zu machen, wie wir leben wollen (und wie ganz sicher nicht), wenn das erste, zweite, dritte Kind am Hemdsärmel zupft? Wenn der Job läuft. Wenn Rechnungen Tag für Tag im Briefkasten einfliegen. Das Leben einmal eingerichtet ist. Leben wir eigentlich oder lassen wir uns leben?

Hätte ich mir diese Fragen zur möglichen Veränderbarkeit unseres Daseins vor eineinhalb Jahren gestellt, ich hätte sie verneint. Kopfschüttelnd verleugnet. Nicht weil ich nicht an die Kraft in uns allen glaube, das Beste aus uns herauszuholen. Ich kann an allem arbeiten, am Schneller, am Besser, am Weiter. Und das können wir alle. Ich kann Impulse aufnehmen und mich weiterentwickeln. Nein, ich hätte sie verneint, weil mir die Kraft gefehlt hätte, ein solches Wunder auch nur in Betracht zu ziehen. Ach was, Kraft, mir hätte schlicht die Zeit gefehlt, darauf zu hoffen, dass da noch mehr drinstecken könnte, noch mehr möglich ist, mehr Glück, mehr Zufriedenheit, mehr Sinn – in mir selbst und in unserem Kosmos Familie.

Doch irgendetwas in mir muss stärker gewesen sein als »Keine Zeit« und »Null Kraft«. Irgendetwas hatte ganz still und leise rebelliert, mir von hinten leise auf die Schulter geklopft (oder doch eher ganz tapfer an die Stirn). Irgendetwas war penetranter gewesen als unser Alltag. Welch ein Glück! Denn unsere Wunder geschehen nun täglich. Vor ein paar Tagen waren Fannie und ich kurz aneinandergeraten. Wir sind uns ähnlich, gehen schnell in die Luft, verpuffen den Ärger in einer großen Wolke aus Worten, wo er sich rasch wieder auflöst. Wir saßen in der kleinen Küche meiner Mutter beim Antrittsbesuch. Zurück nach einem Jahr Reise. Eine große Sache. Über irgendeine Kleinigkeit haben Fannie und ich uns dann gestritten. Ein Wort ergab das andere, wir drohten in einem lauten Disput aneinanderzugeraten Vor der Reise, da bin ich gewiss, hätten mich ihre Bemerkungen an die Decke katapultiert. Oder durch sie hindurch. Gestern aber, in der kleinen Küche meiner Mutter, merkte ich, wie ich atme. Und dachte, dass Fannie vielleicht recht haben könnte. Also antwortete ich erst einmal nichts, war eher traurig über den Verlauf unseres Gesprächs. Und später, auf dem Nachhauseweg, auf dem uns mitten im Sommer die braunen Blätter der Stadtplatanen um die Nasen wehten und uns der Wind eines aufziehenden Gewitters endlich Abkühlung ankündigte; später, als ich Fannie in ihr gerade eingerichtetes neues Zimmer folgte und sie ins Bett brachte, sagte ich zu ihr:»Lass uns ruhig miteinander reden, weil wir gelernt haben, freundlich miteinander umzugehen. Uns zuzuhören, uns anzunehmen. Ich jedenfalls werde meinen Teil dazu beitragen, dass wir liebevoll miteinander umgehen.« Fannie nahm mich in den Arm und wir saßen noch lange in der Dunkelheit unse-

265

res stillen Hauses, am Rande unserer kleinen Straße, weit entfernt von der großen Stadt, die überall um uns herum pulsierte. Wir hielten uns im Arm und spürten beide, dass Wunder geschehen. Jetzt sitze ich in meinem ehemaligen Arbeitszimmer, das ich zum »Studier-, Schreib- und Lesezimmer« umdefiniert habe. Liv kommt angetrottet, noch im Schlafanzug. Ich sage ihr, dass ich schreibe, und sie sagt: »Okay, dann kriegst du nur ein Küsschen und ich bin wieder weg.« Paul schwirrt auf ein kurzes Hallo vorbei, staunt über meinen winzigen Laptop auf dem schmalen, schlichten Holztischchen in diesem ansonsten nur mit einem Lesesessel möblierten Raum. »Ich stör dich nicht lange« und »Wow, ist das aufgeräumt, Mama«. Denn statt des ehemals ausladenden und vollgestopften XXL-Schreibtischs, bis zum Rand gefüllt mit Stapeln aus Papier, Mappen mit erledigten und unerledigten Aufträgen, Notizen, Zeitschriften, gesammelt und gelesen schon Jahre zuvor, herrscht an diesem neuen heiligen Ort der ruhigen Ordnung eine beinahe klösterliche Einfachheit. Paul hat bei Philipp übernachtet, seinem besten Freund. Die beiden haben Tennis gespielt und Tischtennis und jetzt überlegen sie, wie sie die Zeit mit der neu zu entdeckenden alten Freundschaft ausfüllen können. Fannie, deren Herz so oft den Takt der anderen erspürt, ist gerade bei Oma Resi. »Ich muss mich doch jetzt endlich einmal um sie kümmern; hören, was sie zu erzählen hat. Sie hatte doch so lange niemanden mehr, mit dem sie reden konnte.«

Von unten höre ich Liv lachen; so unbekümmert, wie nur jemand lachen kann, für den Zeit noch nicht erfunden wurde, Minuten und Sekunden, so existent wie bedeutungslos, Wochentage ohne Belang. Dafür zählen die Nächte umso mehr, die es noch bis zum Geburtstag zu schlafen gilt, aufgefüllt mit beinahe unerträglicher Unruhe. Für Liv zählt die Gegenwart, so viel ist mir in einem Jahr Liv erleben klar geworden. Sie stellt das Spiel über alles und ist ganz und gar bei sich – in ihrer unerschütterlichen Liebe, ihrer Versenkung, ihrer Ausgelassenheit, ihrer Langeweile, ihrer Wut. Die Kinder sind alle drei noch so unverbogen und ich studiere sie tagaus, tagein wie eine Ozeanologin lebendige Korallen im Meer. Was ist das Geheimnis? Sie sind nicht immer fröhlich, aber stets ganz und gar bei sich.

Ich selbst sitze also und schreibe. Mein E-Mail-Programm ist ausgestellt, mein Handy in den Flugmodus verabschiedet. Facebook und Co. machen, was sie wollen, aber nicht mehr mit mir. Ich schreibe. Danach werde ich kochen, Schulsachen besorgen, lesen, abends zuhören, welche Abenteuer die Kinder in ihrem neuen Zuhause erlebt haben. Ich bin! Und ich habe Zeit!

Für uns gelten derzeit zwei Zeitrechnungen, die unser Leben in zwei ungleiche Teile durchtrennen. Es gibt ein »Vor der Reise« und ein »Nach der Reise« – und Letzteres fühlt sich an, als hätte uns Alexander Gerst kurz mal mitgenommen auf die ISS, uns in Kasachstan in seine Sojus-Kapsel geschmuggelt, um uns im rasanten Flug um die Erdumlaufbahn die Schwerelosigkeit zu lehren.

Unsere Wunder passieren nun täglich. Veränderung ist nicht nur möglich, sondern von der Natur vorgesehen. Das Veränderungsprogramm steckt tief in unserem genetischen Code – und wartet nur darauf, von uns aktiviert zu werden. Allerdings weiß ich nach unserer Reise auch, dass wir uns alle mehr Zeit geben müssen, Wunder zuzulassen und sie zu erkennen. Und noch etwas gehört dazu, Wunder zu erleben: harte Arbeit und Beharrlichkeit. Denn ohne unsere beschwerlichen, kurven-reichen Wege dieses Jahres und ohne die Auseinander-setzung mit den Wirrungen in und um uns herum wären wir nicht in der Lage, diese Wunder zu sehen.

14. September 2018, Köln

Liv:»Mama, ich erkenn dich gar nicht wieder.«

23. Oktober 2018, Köln

Heute wissen wir, dass uns eine Gemengelage aus Über-forderung, Veränderungswillen und Abenteuerlust den Wumms lieferte, der uns eineinhalb Jahre später auf die Straße katapultierte. Wir hatten Sehnsucht danach, Europa besser kennenzulernen, unsere Kinder um uns herum zu haben, uns selbst anzuschauen, uns Ruhe zu gönnen. Diese Gemengelage hat uns ein Jahr der größten Freiheit beschert und unserem Leben eine entscheidende Wen-dung gegeben. Wir würden zum Beispiel nie mehr fra-gen, ob Veränderung möglich ist, denn wir wissen es. Wir wissen nun, dass wir Veränderung nicht nur wollen, sondern auch herbeiführen können. Dass wir nicht nur diskutieren, sondern zum Handeln in der Lage sind. Wir sagen heute auch mal einen Termin ab, um mit Liv auf den Spielplatz zu gehen. Oder stellen die Laptops bei-seite, wenn Fannie oder Paul unseren Rat brauchen.

10. April 2019, Köln

Wir sind seit sieben Monaten zurück in Köln. Und es fühlt sich gut an. Zu Hause. Liv sagte noch letzte Woche: »Mama, es ist so schön, wieder zu Hause zu sein.« Es hat gedauert, bis wir angekommen sind. Gerade für die Kinder war es nicht leicht, wieder Fuß zu fassen. Die Schule hat die ersten Monate unserer Rückkehr bestimmt. Hausaufgaben, Lernen für Klassenarbeiten, das alles war wieder neu und hat die Kinder stark gefordert. Für uns Erwachsenen steht noch heute fest, dass Leistungen aus ihnen selbst herauskommen und nicht von uns eingefordert werden dürfen (die Lehrer wiederum sind begeistert von ihrer Einsatzbereitschaft und ihrer Wissbegierde).

Viel bedeutsamer war und ist aber, dass die Kinder wieder auf dem Weg sind, Freunde zu finden und sich ein Umfeld schaffen, in dem sie glücklich sind. Gerade die losen Enden der Freundschaften bereiteten uns in der ersten Zeit nach dem Heimkommen große Sorgen. Langsam, ganz sachte, haben alle drei ihre Flügel ausgestreckt und Orientierungsrunden gedreht. Heute hat Liv eine beste Freundin in ihrer ersten Klasse (»ohne Lu ist Schule sinnlos, Mama«), Fannie hat eine Detektivbande aus Freundinnen, gegen die *Die Wilden Hühner* einpacken können, und Paul, unser Teenager, beginnt mehr und mehr seine eigenen Wege zu entdecken. Fannie und Paul gehen auf die Friday for Future-Demos, wann immer es ihnen möglich ist, sie interessieren sich für ihre Umwelt, nehmen Anteil an dem, was im direkten Umfeld, aber auch in der Welt um sie herum passiert. Es ist wunderbar, Teil dieser Entwicklung zu sein. Zu sehen, wie die Radien der Kinder sich innerhalb der Großstadt erweitern, sich die Horizonte verschieben. Wir haben ihnen die Wurzeln gegeben, jetzt dürfen wir dabei sein, wie sie ihre Flügel strecken. Keines der Kinder will derzeit wieder reisen. Sie sind alle drei glücklich, in Köln, in unserem Viertel, der kleinen Straße und dem gemütlichen

Haus, mit ihren Freunden und in Sportvereinen wieder eine Heimat gefunden zu haben.

Und wir Erwachsenen? Haben wir dazugelernt? Es ist kaum zu glauben, aber unser früheres Leben am Limit kommt uns heute fremd vor. Wir gehen mehr als dass wir laufen, wir arbeiten das, was ansteht, langsam ab, ohne in Hektik zu verfallen. Wir sagen Nein, wenn uns etwas zu viel wird, und heben den Blick, um unsere Nachbarn zu grüßen. Wir reiben uns nicht mehr an Nachrichten auf, nehmen die dritte Brexit-Abstimmung wie sie kommt, und wissen, dass es auch eine Zeit nach Trump geben wird. Die Welt geht nicht unter, ob wir nun daran verzweifeln oder trotzdem lachen. Wir Erwachsenen freuen uns auf das Frühjahr, darauf, den Garten zum Blühen zu bringen und unseren Hühnern dabei zuzusehen, wie sie in der Erde scharren. Wir versuchen viel Zeit draußen zu verbringen, hängen aber auch mit den Kids auf der Couch und frönen unseren Fernsehabenden.

Wenn wir an unsere Wahnsinnsabenteuerauszeit zurückdenken, kommt uns dieses geschenkte Jahr vor wie eine fest verschlossene, nicht einsehbare Zauberkiste, in die wir Moment für Moment hineingegriffen haben, um immerzu neue, unbekannte Wunder herauszuzaubern. Nichts war vorhersehbar. Alles war neu, jeder Augenblick. Und diese Wunder wirken nach. Sie lassen uns auch jetzt, in Routinen und im Täglichen, zufriedener, glücklicher zurück. Wir haben Vertrauen gewonnen, in die Gegenwart und in die Zukunft, in unsere Kinder und in uns selbst. Wir haben Zuversicht getankt, wir sind mit Gelassenheit beschenkt worden, so reich, dass das Atmen so manches Mal leichter fällt. Wir haben eine stetigere Zufriedenheit erlangt, gepaart mit einer Langsamkeit, die wir so nicht kannten. Wir fühlen uns mit Lebendigkeit gesegnet. Und nicht zuletzt: Wir können all dies mit einem Mehr an Freundlichkeit an unsere Umgebung weiterreichen. Muss man für diese Art der Veränderung reisen? Sicher nicht. Aber es ist eine wunderbar langsame, aufregende, sättigende, nachhaltige Art und Weise, das eigene Schicksal in die Hand zu nehmen.

Gestern, es regnete diesen feinen Fisselregen, wie er auch im Frühjahr in unserer Stadt fallen kann, fuhr ich mit meinem klapprigen Rad über die von Schlaglöchern gesäumte kleine Straße. Um mich herum Autos auf ihrer Hatz zur Arbeit, Blicke vom Handy auf dem Lenkrad auf die Straße und wieder zurück. Pfützen in den Schlaglöchern, und Menschen, den Blick nach unten gesenkt. Ich schaute mir das Ganze kurz an, bog entschieden auf den Bürgersteig ab und schwenkte ein paar Meter weiter in den die Straße begleitenden Park ein. Ruhe um mich herum. Da war doch trotz des Nieselns irgendwo ganz zaghaftes Vogelgezwitscher zu vernehmen. Und da, inmitten des Graus gelbe Blüten ...

Wann fängt eine Reise an?
Und hört sie jemals auf?